池上彰の「日本の教育」がよくわかる本

池上 彰

PHP文庫

○本表紙図柄＝ロゼッタ・ストーン（大英博物館蔵）
○本表紙デザイン＋紋章＝上田晃郷

はじめに

■あなたが通っていた頃の学校とは大違い⁉

あなたは、「日本の教育」について、どのくらい知っていますか？

自分が通っていた頃の学校や教育については、もちろんよく知っていると思います。

では、最近の学校や教育についてはどうでしょう。「今も大きく違わないだろう」と思っていると、かなり様変わりしてしまっているのにきっと驚くはずです。

たとえば小学校一年生と二年生では社会科、理科がなくなって生活科になっています。

小学校の通知表も様変わりしました。かつては五段階評価で、「5」から「1」という数字だった学校もあれば、「たいへんよくできました」から「もっとがんばりましょう」といった文章で表現されていた学校もありました。

親に見せたくなかった人も多いと思いますが、今の子どもたちは昔ほど気にしないかもしれません。なぜでしょう？

現在の小学校一、二年生は「評価」が義務づけられていませんから、通知表にこうした評価がない学校もあります。三年生からは評価がつきますが、五段階よりも少ない三段階評価です。

そして、何より違うのは、相対評価から絶対評価になっていることです。相対評価では、クラスのなかで上位数％が「５」というように、それぞれの割合が決められ相対的に評価がされていました。

一方、絶対評価では達成基準が決められていますので、極端にいえば、クラス全員が最高の「３」をとることもできます。

クラスの人数も少なくなりました。小学校のクラスの人数は平均二八人、中学校は平均三三人です。自分たちの時代と比べて、「えっ、そんなに少ないの⁉」と驚いた人も多いのではないでしょうか。

少ないのは、クラスの人数だけではありません。同学年のクラス数も少なくなっています。二クラスとか、三クラスしかなければ、クラス替えをしてもほとんどが同じメンバーということになってしまいます。

■「教育委員会って何？」という質問に答えられますか

日本の学校と教育は、戦後、少しずつ変わってきました。私は、自分が学生だったときと比較して、今のほうがよくなっている面もあると思っていますが、そう思っていない人も多くいます。

安倍政権は、「アベノミクス」による経済再生と並ぶ最重要課題として「教育再生」を掲げています。「教育委員会制度の改正」「道徳の教科化」「六・三・三・四制の見直し」など、戦後教育の大転換といってもいいほど大きく日本の教育を変えようとしているのです。

ただ、そのわりには、あまり注目が集まっていません。集団的自衛権の問題や原子力発電所の再稼働問題などの陰に隠れてしまっている印象です。

しかし、教育は一国の未来を決める重要なテーマです。子どもたちが、どのような教育を受けるかによって、どのような大人になるかが決まります。子どもがいる人はもちろんですが、いない人も無関心ではいられないテーマのはずです。

実際、日本の将来を考えるうえで、「教育が重要だ」と考えている人は多いと思います。にもかかわらず、教育改革に注目が集まらないのは、ひとえに、「わかりにくいから」ではないでしょうか。

たとえば、「教育委員会」という名前は聞いたことがあっても、何をするための組織なのか、誰が委員なのか、何が問題で改正が迫られているのか、といったことを正しく理解している人は少ないでしょう。そもそも、戦後直後に、どういった目的で教育委員会がつくられ、どういった経緯で形骸化《けいがいか》していったのかまで知っている人となると教育関係者に限られてしまいそうです。

■教育改革は難しい

また、教育は変えてから結果が出るまでに時間がかかります。これも、教育改革をわかりにくくする原因の一つです。「ゆとり教育によって学力が低下する」と騒がれたのは、ゆとり教育が本格的に導入される直前でした。その後、「学力が低下した」といわれるようになりました。一年や二年で結果が出るはずはないのに、何の検証もされずに新たな方向に舵《かじ》が切られました。

教育は、学校のテストのように数値化できるものばかりではありません。文部科学省は「生きる力」の育成を学校教育の主眼として掲げていますが、これなども数値化することが難しく、どんな能力を身につけることが生きる力になるのか漠然としていて、わかりにくいといえます。

こうして、教育に関する改革は、評価もわかりにくく、得てして思い込みや印象論で語られるようになります。データにもとづかない議論は、またまた事をわかりにくくします。まさに「わかりにくいスパイラル」です。

事実、これまでの教育改革の変遷《へんせん》をたどってみると、改革の結果をきちんと検証して評価することなしに、何となくつくられた「世間の空気＝世論」によって教育方針が変えられてきたという側面があります。

安倍政権の「教育再生」も、学校現場や教育現場の検証から改革案を作成しているというよりも、思い込みや印象論にもとづいている面があるのではないでしょうか。

■教育について考えることは、日本の未来を考えること

私は、NHKの記者時代に文部省（当時）を担当していました。『週刊こどもニ

ュース』に出演していたこともあり、学校や教育に関する問題はいつも身近な問題として考え続けてきました。

だからといって、「こうすれば日本の学校や教育がよくなる」という解決策をもっているわけではありませんが、あなたが教育について考えるための基礎知識を提示することはできると思います。

今の日本の教育に、どんな歴史があって、どんな問題を抱えているか、その現状をまるごと知ってもらおうと考えて、この本をまとめました。外から見ると不思議なことも多い日本の教育界について、初歩の初歩から解説してみました。

教育は、学校と家庭だけでなく、政治や行政、メディア、地域社会など、さまざまなものと密接にからみあっています。だから、日本の教育について知ることは、日本そのものを知ることにほかなりません。

そして、日本の教育を考えることは、これからの日本を考えることです。どんな日本をつくりたいのか。どんな日本人を育てたいのか。

戦後、知識を大量に詰め込み、それを試験で評価する教育が行われてきました。

そうした教育で育った人材が日本の高度経済成長を支えたのは事実です。開発途上国なら、今もこうした教育が有効なのかもしれません。

しかし、日本を含めた先進国は、その次の段階にきています。「答えのある問題を正確に解ける人材」よりも、「答えのない問題に対して、自分の頭で考え、自分から行動して正解をつくりあげていく人材」が求められています。そのための教育とは、どのような教育なのでしょうか。

日本の将来を決める教育については、国民的な議論が不可欠でしょう。安倍政権の「教育再生」を考えるためにも、基本的な知識やデータが欠かせません。本書がそれらを少しでも提供できたなら幸いです。

なお、二〇〇一年以後は文部科学省、それ以前については文部省という表記にしていることをお断りしておきます。

二〇一四年四月

ジャーナリスト・東京工業大学教授　池上　彰

池上彰の

「日本の教育」がよくわかる本

目次

第2章 学校では教えてくれない「教育の戦後史」②

ゆとり教育vs.詰め込み教育

第3章 教科書 なぜ完成まで六年もかかるの？

第4章　通知表と偏差値

「五段階相対評価」は過去のもの？

第5章 先生
少子化なのに教員不足?

第7章 教育委員会と文部科学省

いったい何をしているの？

第9章 給食

教育の一環だって知っていましたか？

第10章 学校制度の新潮流

「公立」も中高一貫校が人気

第11章 教育費と格差

子どもたちにもっと投資を!

序　章

「日本の教育」について誤解していませんか？

日本の教育は死んでいる？

安倍政権は、日本の「経済再生」とともに、「教育再生」を政策の二大看板に掲げています。

「失われた二〇年」ともいわれる経済はともかく、教育も「再生」する必要があるというのは本当なのでしょうか？

「再生」という言葉を使うからには、「今の日本の教育は死んでいる」という認識があるのでしょう。だから「再生」が必要ということですが、果たして、いつ日本の教育は死んでしまったのでしょう？

「ゆとり教育」によって子どもたちの学力が低下したから？　いじめが急増しているから？　教師の体罰が横行しているから？

これらが本当なら「今の日本の教育は死んでいる」といえるのかもしれません。

しかし、結論からいうと、子どもたちの学力は低下していませんし、いじめも急増しているわけではありません。教師の体罰は残念ながらなくなってはいませんが、私が子どもの頃に比べたら格段に少なくなっていることは間違いないでしょう。

「ゆとり教育で学力低下」とはいえない

まずは、「ゆとり教育」によって子どもたちの学力が低下した、と騒がれたときのことをちょっと思い出してみましょう。

二〇〇四年、経済協力開発機構（以後、ＯＥＣＤ）が三年ごとに実施している「生徒の学習到達度調査」（以後、ＰＩＳＡ）の〇三年調査の結果が発表されました。このとき、二〇〇〇年調査のときに比べて大幅に順位が下がった、いわゆる「ＰＩＳＡショック」が騒ぎの発端でした。

ＰＩＳＡとは、世界の一五歳の子ども（日本では高校一年生）を対象に行われるものです。調査科目は三つ。「読解力」「数学的リテラシー」「科学的リテラシー」です。日本の教科にたとえれば、国語と数学、理科といっていいでしょう。

28ページのグラフは、二〇〇〇年から二〇一二年まで、過去五回のＰＩＳＡの順位を表したものです。

■PISAにおける日本の順位

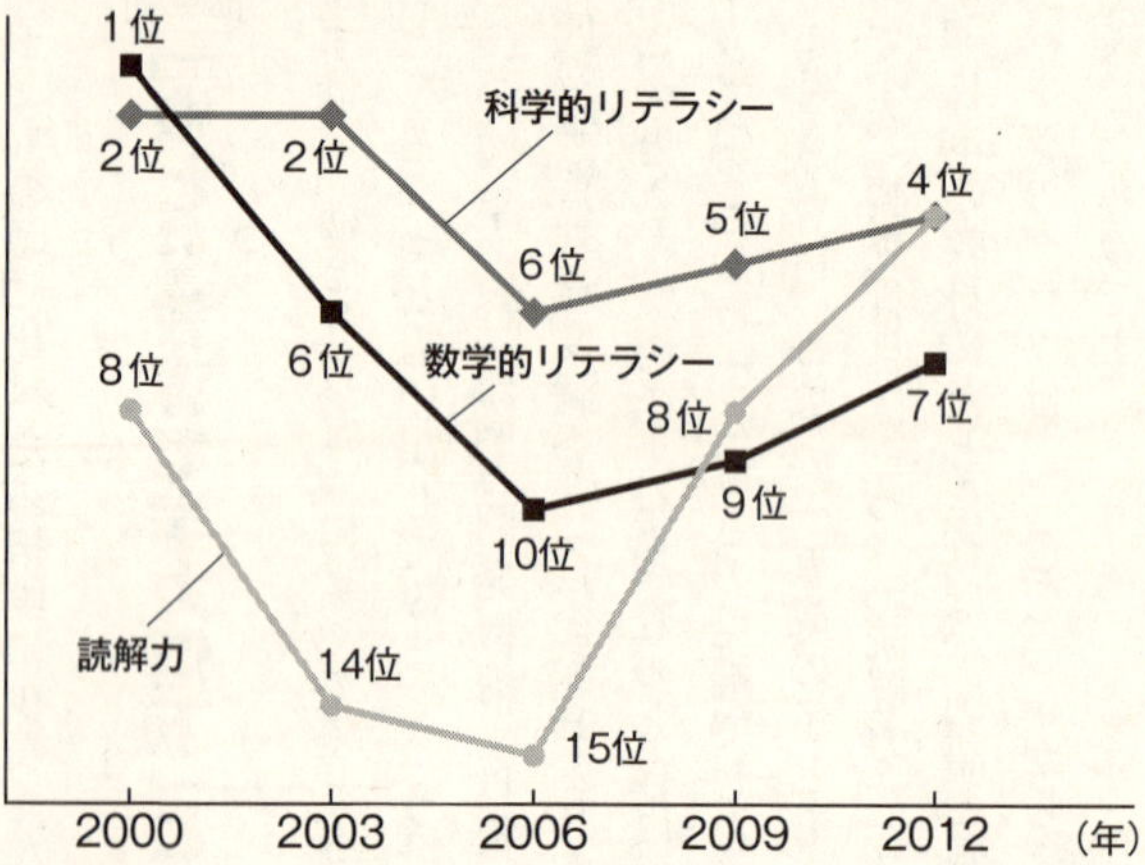

これを見ると、たしかに二〇〇三年には、科学は二位を確保したものの、数学は六位に、読解力は一四位に転落しています。

それからさかのぼること二年前、二〇〇二年四月から「学校週五日制」が導入され、国公立の小・中・高校は土曜日が完全に休みになりました。これによって授業時間数は一割削減されました。さらに「学習指導要領（第2章を参照）」の改訂によって、同じく二〇〇二年度から教える内容が三割削減されていました。いわゆる**「ゆとり教育」**が始まっていたのです。

この「ゆとり教育」がＰＩＳＡの順

位が下がった原因だ、学力低下の原因だと政治家や評論家、マスコミが騒いだわけですが、これは本当でしょうか？

二〇〇三年に調査を受けた一五歳は、わずか一年間しか「ゆとり教育」を受けていません。**たった一年間しか受けていない「ゆとり教育」によってPISAの順位が下がったと考えるのは無理がある**ように思います。

二〇〇三年に下がった順位は、二〇〇六年にさらに少し下がりました。「このまま『ゆとり教育』を続けたら日本の子どもたちに未来はない」とばかりに、「ゆとり教育」批判の嵐が吹き荒れ、教育改革が叫ばれました。この二〇〇六年調査を受けた生徒は、小学校六年生のときから「ゆとり教育」を四年間受けていたことになります。

二〇〇九年調査では、順位が少し上がりました。「ゆとり教育」を小学校三年生のときから七年間受けた生徒たちの成績です。この二〇〇九年度から授業時間数を増やした新学習指導要領「脱ゆとり教育」が、算数・数学と理科で先行実施されましたが、もちろん、このときの生徒は受けていません。

二〇一二年調査では、さらにＰＩＳＡの順位が上がりました。「脱ゆとり教育によって日本の子どもたちの学力が回復した」などと報道されましたが、「脱ゆとり教育」が中学校で全面実施されたのは、まさにこの二〇一二年度からです（小学校は前年の二〇一一年度から全面実施）。

つまり、二〇一二年に好成績だった生徒たちは、小学校六年間は「ゆとり教育」を、中学校の三年間は、国語は「ゆとり教育」、数学と理科は「脱ゆとり教育」を受けたことになります。「読解力」はこれまでで最高得点で、順位も最高順位の四位でした。「数学的リテラシー」と「科学的リテラシー」も、それぞれ九位から七位、五位から四位に順位を上げています。

「数学的リテラシー」と「科学的リテラシー」の好成績は、「脱ゆとり教育」に転換したからともいえそうですが、「読解力」の好成績は「脱ゆとり教育」とは関係なさそうです。

むしろ、「ゆとり教育」導入と同時に始まった「総合的な学習の時間」の成果が三つの科目で出たという評価も可能です。これなら、すでに二〇〇九年調査で順位が上がっていたこととの説明もつきます。

この点についての慎重な分析がないまま、「脱ゆとり教育」の成果だと論じてしまうのは、「自分たちの成果だ」と誇示したい文部科学省の発表に誘導されたものといわれても仕方がありません。

こうした表や事実をもとに論理的に考える力を問うのがＰＩＳＡ型の問題ですが、政治家や新聞記者も含めた日本の大人たちの学力が、私ははなはだ心配です。

学力が「向上」していることを示す事実も

ＰＩＳＡの順位と学校現場での教育政策の変更の経過を重ね合わせて丁寧にたどると、「ゆとり教育」によって学力が低下したとか、「脱ゆとり教育」によって学力が向上したとか、簡単にはいえないことがわかります。

そもそも「ゆとり教育」は、それまでの「詰め込み教育」ではＰＩＳＡ型の学力は身につかないという問題意識からスタートした教育政策です。ＰＩＳＡでは、知識だけでなく、その知識をどう活用して問題を解決するかが問われ、答えだけでなく、その答えを出すための方法や考え方を説明することが求められます。

そうした学力を養う目的で「総合的な学習の時間」が導入されたわけですから、

「ゆとり教育」世代がＰＩＳＡで好成績をあげても驚くことではないのです。

一方、「脱ゆとり教育」は、やや「詰め込み教育」に振り子を戻す政策ですが、その真価が問われるのは実はこれからです。二〇一五年調査、二〇一八年調査の成績発表を待ちましょう。

また、「ゆとり教育」によってか、「脱ゆとり教育」によってかはさておき、日本の子どもたちの学力が単に「回復」したのではなく、「向上」していることもＰＩＳＡの順位から読みとることができます。

なぜなら、二〇〇〇年調査で三二カ国だった参加国は、二〇一二年調査では六五の国と地域へと二倍以上に増えているからです。そのなかで順位が上がったのですから、子どもたちの学力は、単なる「回復」ではなく、「向上」といえるのではないでしょうか。

しかも、人口が一億人を超える国で上位に入っているのは日本だけです（左ページの図を参照）。上海や香港は中国の教育熱心な一都市にすぎません。

日本の子どもたちの学力は、以前も今も世界トップクラスであり、教育は高いレベルで維持され、向上しているとさえいえるのではないでしょうか。

■PISA(2012年)の分野別ランキング

	数学的リテラシー	読解力	科学的リテラシー
1	上海	上海	上海
2	シンガポール	香港	香港
3	香港	シンガポール	シンガポール
4	台湾	**日本**	**日本**
5	韓国	韓国	フィンランド
6	マカオ	フィンランド	エストニア
7	**日本**	アイルランド	韓国
8	リヒテンシュタイン	台湾	ベトナム
9	スイス	カナダ	ポーランド
10	オランダ	ポーランド	カナダ

65の国・地域、約51万人の15歳児を対象に調査

日本の子どもの学力が低下していないことを示す事実がもう一つあります。

文部科学省が行っている「全国学力・学習状況調査」は、一般的には**全国学力テスト**と呼ばれ、その成績を学校別に発表するかどうかが問題になっています。それについては後述しますが、この学力テストに私が子どもの頃と同じ問題が出たことがあります。その正解率は、現在のほうが高かったのです。

この事実一つをとっても、少なくとも私たちの時代と比べて、現在の子どもたちの学力は低下していないといえ

るでしょう。

私が教育を受けた時代は、「詰め込み教育」真っ盛りの時期で、都会と地方の学力格差が大きく、地方の成績が低かったのです。しかし現在は、格差は劇的に縮小し、**秋田県や福井県などが全国のトップを争っています。**これは、ここ五〇年間の教育の成果といっていいでしょう。

いじめ件数が増えるのは「認知」件数だから

いじめ問題が増加していると報道されるきっかけになったのは、二〇一一年に滋賀県大津市の中学校で起きたいじめ自殺事件です。

この事件の報道を見たときに、まっさきに思い出したのが、一九八六年に東京都中野区の中学校で起きたいじめ自殺事件でした。「葬式ごっこ」といえば、思い出す人も多いのではないでしょうか。大津の事件では、これが「自殺の練習」でした。

どちらも、いじめが原因で中学二年生が自殺するという痛ましい事件で、先生がそのいじめの深刻さに気づいて止めることができなかった点なども、よく似ています。

こうした事件が起きると、いじめ問題にスポットが当たり、あちこちで報道されるようになります。そうすると、私たちは日本中の学校でいじめが一気に増えているかのようなイメージをもちますが、実際に学校現場で「いじめ」が急増しているとは限りません。

また、大津のような事件が起きると、文部科学省や各都道府県の教育委員会が、いじめに関する調査を行います。結果は、必ずといっていいほど「前回の調査よりも増加」です。なぜなら、こうした調査の「いじめ件数」というのは認知件数だからです。

「いじめはないか、どこかに、いじめはないか」と探して歩けば、そうしなかった前回調査よりも、いじめを多く発見できます。いじめ対策に取り組めば、いじめの認知件数は増えるのです。こうした点を勘案すると、「いじめの発生件数が急増している」といえるような客観的なデータは、私が知る限りではありません。

昔なら体罰はニュースにならなかった

教師の体罰についても同様です。二〇一二年、大阪市の高校で教師の体罰を苦にして生徒が自殺した事件が大きく報道されました。文部科学省が教師の体罰の実態調査を行うと、全国の小中学校、高校で六七二一件、一万四二〇八人の生徒が二〇一二年度一年間に体罰を受けたことがわかりました。

前年まで、同様の調査は行われていませんでしたから、比較対象はありませんが、体罰で懲戒処分を受けた教師が毎年四〇〇人前後だったことを考えると、急増したことになります。

しかし、これも調査を行ったから多くの件数が報告されたにすぎず、毎年、同じくらいの件数の体罰が行われていたと考えたほうがよさそうです。大阪の事件をきっかけに、こうした教師の体罰の実態が明らかになったのですから、これを機に体罰が減って、二度とこうした自殺者を出すことのないように対策が進むとすれば、大きな問題になったことはよかったのでしょう。

ただ、いじめにしても、体罰にしても、大きく報道される事件が起きたからといって、そのときに増加しているわけではありません。残念ながら常に一定数はあるものなのです（もちろん、一定数あることは仕方ないと容認しているわけではなく、いじめや体罰の根絶を常にめざすべきなのはいうまでもありません）。

私の中学時代の体育の教師はよく生徒にビンタを張っていました。

「足を開け。腕を後ろに回せ。歯を食いしばれ」バシッ！

いきなり殴るのではなく、準備をさせていただけほかの教師よりましだったのかもしれないと今になって思いますが、いやな思い出です。

こうした教師は珍しい存在ではありませんでした。どの学校にも一人や二人いました。だから、報道されることもなかったのです。

「犬が人を噛《か》んでもニュースではないが、人が犬を噛めばニュースである」といわれるように、メディアというのは、珍しいことを報道します。一九七〇年代後半、ニューヨークの治安は最悪でした。毎日、どこかで誰かが死んでいましたが、それらが記事になることはありませんでした。一日に七人が別々の場所で殺害されたときには、さすがにニューヨーク・タイムズも書きましたが。

学校現場から体罰はなくなってはいませんが、かつてに比べれば、体罰を行う教師はニュースバリューがあるほどには減っている、とも考えられます。少なくとも、ここ数年で急に悪化したということはないでしょう。

「昔はよかった」は本当か？

「ゆとり教育」によって子どもたちの学力が低下したわけでも、いじめが急増しているわけでも、教師の体罰が横行しているわけでもないことを見てきました。

もちろん、問題がまったくないというわけではありません。先の大津のいじめ自殺事件や大阪市の体罰問題では、学校の先生、教育委員会の無責任な対応に首をかしげることが多く、怒りを通り越して悲しい気持ちになってしまいました。

また、「学級崩壊」という言葉は以前ほどメディアで見かけなくなりましたが、学校からなくなったわけではありません。

ただそれでも、海外と日本の教育現場を見てきた私からすると、日本の教育レベルは、特に現場の先生たちのがんばりのおかげで、高いレベルを維持できていると思うのです。世界に誇っていいことも、まだまだたくさんあります。

日本の教育は死んでいるどころか、確実に生き続けています。

にもかかわらず「教育再生」とは、どういうことなのでしょうか？

教育に限ったことではありませんが、**特に教育においては、「昔はよかった」的な印象論で議論が行われることが多々あります。**

二〇一一年の参議院の文教科学委員会で、自由民主党（以後、自民党）の義《よし》家《いえ》弘《ひろ》介《ゆき》参議院議員（当時。現在は衆議院議員、自民党教育再生実行本部副本部長）は、次のような発言をしています。

「親殺しや子殺し、虐待、そして、例えば親が亡くなったことさえ届け出ずに、その年金を当てにして生活する、そんな事件が相次いで起こっております。日本の根幹あるいは教育というものはどうなってしまったのか。これは多くの人々が感じていることであろうと思います。公共の精神の欠如、そして個人主義に入り込んで、自分さえ良ければいい、とにかく今楽しければいい、そういった傾向をまさにつくり上げてきたのがこの日教組教育であろうと私は思っております」（国会議事録）

日本の教育が悪いから、なかでも日教組教育が悪いから、親殺しや子殺し、虐待が後を絶たないと義家議員は発言していますが、これは本当でしょうか？

『「昔はよかった」と言うけれど』（大倉幸宏著、新評論）を読むと、親殺しや子殺し、虐待は、実は戦前のほうが多かったことがわかります。戦前に日教組（日本教職員組合）はありませんでしたが、その時代に教育を受けた人々のほうが、親殺し、子殺し、虐待をしていたというのが事実なのです。

道徳教育で人々の道徳心は高まらなかった

明治の初期から、学校の授業には「修身」と呼ばれる道徳を教える科目がありました。だから戦前は道徳教育がしっかりなされていて、道徳心あふれる人たちばかりだったという印象がありますが、実態はまったくその逆です。修身教育に力を入れなければならないほど、道徳心の低さが問題になっていたのです。

たとえば、昨今、頻繁に報道される食品偽装も、昔はひどいものでした。「牛肉風うまに」と書かれたコンビーフの缶詰は、馬の肉でした。「うまに」は、「旨煮」ではなく「馬煮」だったのです。

第一次世界大戦の頃、日本製品が欧米に大量に輸出されるようになりましたが、シャツのボタンが糊《のり》づけだったとか、マッチが入っていないマッチ箱ばかりだったとか、当時の「メイド・イン・ジャパン」は、「安かろう、悪かろう」の代名詞でした。

「最近の若者は席を譲らない。電車内で化粧をする女性までいる」といって、道徳教育の必要性を説く人もいます。道徳教育が盛んだった戦前にも、席を譲らない若者もいれば、電車内で化粧をする女性もいて、当時の新聞が嘆いています。それ以上に、裸になる人や着替えをする人、痰唾《たんつば》を吐く人までいました。弁当や菓子、果物などを食べた後のゴミ、新聞紙、鼻をかんだ紙くず、タバコの吸い殻などが車内のあちこちに散乱し、車内衛生が大問題になっていたのです。

いかがでしょう。これでも戦前の人たちのほうが現在よりも道徳心が高かったといえるでしょうか。「昔はよかった」といえるでしょうか。私には、「昔はとんでもなく、よくなかった」としか思えません。

戦前、道徳教育（修身教育）はたしかに力を入れて行われていたかもしれませんが、その道徳教育によって、人々の道徳心が高まっていたわけではないのです。

日本の教育政策は「識者」の思い込みで決められている⁉

安倍政権は、「教育再生」のために、**「道徳の教科化」**を進めています（第6章で詳しく解説します）。子どもたちに道徳をもっと教えれば、いじめがなくなると考えているのでしょう。しかし、歴史に学ぶならば、道徳教育によって必ずしも人々の道徳心が高まるわけではないことは明白です。

「教育再生」を議論している**「教育再生実行会議」**にしても、日本の教育全般について議論する**「中央教育審議会」**にしても、企業経営者や元スポーツ選手といった教育の専門家ではない人たちもメンバーに入っています。人選は、そのときどきに行われますから、継続性もありません。

専門家でもなく、継続性もない「識者」と呼ばれる人たちによって、それぞれの印象や思い込みで、ああでもない、こうでもないと議論して教育改革案が決まってきた。そんな歴史があります。

フィンランドには、国家教育委員会というものがあります。日本の文部科学省に当たる教育省とは別組織です。この国家教育委員会が教育カリキュラムの改訂を担当しているのですが、その委員は全員が教育の専門家です。

専門家が自分たちで決めた教育カリキュラムが、実際の学校現場でどういう結果につながっているか、それを継続的に見て、改訂を加えています。改訂によってどう変化したか、また継続的に見て次の改訂に活かしています。教育のプロが、継続的にデータをとりながら、そのデータにもとづいて議論し、教育カリキュラムの改訂を行っているのです。

思い込みや印象論で理想を語っていても教育はよくなりません。理想と現実は違います。とりわけ日本の教育改革では、改革の結果（現実）が、当初の狙い（理想）とはかけ離れたものになることがしばしば起きてきました。

理想を、どう現実的に実現させていくか。その道筋を冷徹に見つけていく論理と、それを支える子どもたちへの愛情が問われているのです。

では、日本の教育はどうあるべきなのか。

それを議論するためには、日本の教育の現状と、過去の歴史をまず知っておく必要があります。以下の章で、それを見ていきましょう。

第1章

学校では教えてくれない「教育の戦後史」①

―文部省vs.日教組―

戦後、GHQ主導で教育が一変

「日本の教育はどうあるべきなのか」

それを考えるにあたって、まず学校教育の歴史を振り返っておきましょう。

日本の教育は、第二次世界大戦後に大きく変わります。日本を占領した連合国軍総司令部（以後、GHQ）は、教育の民主化を打ち出し、新しい日本国憲法には、国民の「教育を受ける権利」が明記されました。

学校制度は「六・三・三・四制」が導入されました。なぜ「六・三・三・四制」になったかというと、**GHQで教育を担当した人の出身州がたまたま「六・三・三・四制」だった**からです。アメリカは州によって学校制度が違いますから、GHQの担当者が別の州の出身だったら、日本の学校制度も違うものになっていたかもしれません。

教科書は、戦前の**国定教科書**から**検定教科書**に変わりました。戦前は国家が教える内容を決めていましたが、民主化によって出版社や学者が自由に教科書をつくることが認められたのです。ただ、内容に間違いがあったり、偏《かたよ》りがあったりしてはいけないということで、文部省（現・文部科学省）が教科書を検定し、検定にパスした検定教科書だけが学校で使えるようになりました。

「東京教育大学」が存在しない理由

先生を養成する学校も、「視野の狭い教師を多く生み出した」との戦前の反省に立って変えられました。

戦前は、師範《しはん》学校が尋常《じんじょう》小学校（一九四一年からは国民学校初等科）の先生を養成し、高等師範学校が中等学校などの先生を養成していました。師範学校予科に入るのは一五歳。そんなに早く先生になることを決めるよりも、幅広い教養を学んでから、先生になる道を選んだほうがいいのではないかということで、教員養成は大学に一本化されます。

師範学校は、アメリカのリベラル・アーツ・カレッジにならって、「リベラル・

■「先生を養成する学校」の変遷

戦　前
師範学校が尋常小学校（1941年からは国民学校初等科）の先生を養成し、高等師範学校が中等学校などの先生を養成。
▼
1949年
教員養成は大学で行われることになり、全国に教員養成大学である「○○学芸大学」が設立された。
▼
1966年
全国の学芸大学が教育大学に名称変更（例：京都学芸大学が京都教育大学に）。東京学芸大学だけはすでに東京教育大学があったため、名称変更が行われなかった。東京教育大学はその後、茨城県の筑波に移転して現在の筑波大学に。

アーツ」を日本語に訳した「学芸」大学という名称になり、教員養成大学として全国で生まれ変わりました。北海道学芸大学や東京学芸大学、京都学芸大学といった具合です。

ところが、一九六六年、「昔（戦前）のほうがよかった」と考える政治家たちが、国立学校設置法の一部改正を行います。「学芸大学という名称では教員を養成していることが不明確だ。プロの教師を養成していた師範学校のほうがよかった。現代版師範学校として教育大学に名称変更が必要だ」ということになり、北海道教育大学、京都教育大学などに名称変更されます。

このとき、**東京学芸大学だけは、名称変更を免《まぬが》れました。東京教育大学がすでに存在していたからです。東京教育大学はその後、筑波に移転して現在の筑波大学になりました。**

学芸大学という名前の大学にして、リベラル・アーツという幅広い教養を教えて、視野の広い先生を養成する。その狙いは良かったのか悪かったのか、データにもとづく検証のないまま、名前だけが変えられたのです。

教育委員会が民主化の目玉

戦前にはなく、戦後新たにＧＨＱによってつくられたのが**教育委員会**です。一九四八年七月に教育委員会法が公布され、全国の都道府県と市町村に教育委員会が設置されることになりました。

教育委員会の教育委員は七人（市町村では五人）で、任期は四年。そのうち一人は地方議会が議員のなかから選び、残りの**教育委員は地元住民が投票で選ぶ仕組み**

になっていました。

選ばれた住民代表は、プロではなく素人の健全な発想で学校の教育を考え、チェックします。ただ専門的な知識には欠けるので、その点は専門家である教育委員会の事務局がアドバイスしながら支えていく——。こうした「素人が支配し、専門家がそれを補佐する」という方式は、英語で**「レイマン・コントロール」**（一般の人がコントロールする）と呼ばれるものです。

「われらが町の学校が、われらの子どもたちに教える内容は、われらの代表が監視する」というわけです。まさに教育の民主化のための制度で、地方自治、地方分権の発想・視点です。戦前の日本の中央集権的な教育をやめさせようという意図もありました。

また、戦前の教育が政治的に利用されたとの反省から、政治からの独立をめざしたものでした。

教育委員会は、教育に関する予算案を独自につくり、議会に提出する権限をもっていましたが、この予算案をもし知事や市区町村長が削減しようとするときには、「あらかじめ教育委員会の意見を求めなければならない」とも定められていました。地元住民の投票で選ばれた教育委員ですから、それだけの強い力が与えられたのでしょう。

と同時に、どんな議論をしているのか、常に住民にオープンにすることも求められていました。教育委員会が開く会議は原則として公開にする（誰でも傍聴できる）ことが法律に明記してあったのです。

日教組は何のための組織だった？

同じ頃、もう一つ、日本の教育に大きな影響を与える組織がつくられます。**「日《にっ》教《きょう》組《そ》」**と呼ばれる日本教職員組合です。日本の教員＝学校の先生と、職員＝学校の事務室などで働く人たちの組合です。結成された一九四七年当初の参加人数は五〇万人に達しました。

もちろん、こうした教職員の組合組織の結成を促したのもＧＨＱで、教育の民主化の一環でした。日教組結成時の綱領《こうりょう》には、次の三つが掲げられています。

一、われらは、重大なる職責をまっとうするため経済的、社会的、政治的地位を確立する。
一、われらは、教育の民主化と研究の自由の獲得に邁進《まいしん》する。
一、われらは、平和と自由とを愛する民主国家の建設のために団結する。

戦争中、学校の先生は教え子に対し、「国のために戦争に行き、立派に死んでこい」と言ってきました。教え子を軍人に育て、戦場に送り出したのです。教え子の多くは帰らぬ人となりました。

そうした自分たちの責任を反省し、二度と同じことを繰り返さないために、一九五一年の大会では「教え子を再び戦場に送るな」というスローガンを採択します。前年の一九五〇年六月に朝鮮戦争が勃発し、GHQの要請で日本政府が警察予備隊を創設したことも背景にありました。「戦争の足音」が聞こえてくるという危機意識があったのです。

日教組の平和路線の追求は、その後の日米安保反対、米軍基地反対といった政治運動につながっていきます。

これは、日米協調路線をとる保守勢力から見れば、反米路線です。当時は東西冷戦下でしたから、反米＝共産主義のソ連や中国の味方と考えられ、日教組への警戒感は次第に強まっていきます。

翌一九五二年には、「教師の倫理綱領」が制定され、「教師は労働者である」「教師は団結する」といった条文が盛り込まれました。これは、日教組が単なる教員団体ではなく、労働組合であることの宣言でした。これもまた、「教師は聖職である」と考える保守的な人たちからは、とんでもない宣言だと反発されました。

さらに同年、日教組は独自の政治団体として「日本教職員政治連盟」（後に日本民主教育政治連盟）を結成します。日教組の幹部たちが次々に社会党から立候補し、国会や地方議会に代表を送り込みました。保守勢力にとっては、これも看過《かんか》できない事態でした。

最盛期を迎えた一九五八年には、日教組の組合員数は六七万人にも達し、組織率は八六・三％にまで高まりました。

文部省と日教組が主導権争い

日教組は当初、文部省と協力して、子どもたちのための教育を進めていこうとしました。しかし、少しずつ考え方の違いが明らかになります。

日教組は、子どもたちのための教育を行うためには、自分たち教師の労働環境がよくなり、相互に能力を高め合う必要があると考えました。一方、文部省は、子どもの教育は国、つまり文部省が責任をもつべきだと考えます。

日教組は毎年、「教育研究大会（教育研究全国集会）」を開いて、よりよい授業の展開方法などの先進的な取り組みを紹介し合うとともに、自ら教える内容を高めていく自主カリキュラムの編成を行おうという運動を展開します。

「詰め込み教育」に反対し、「ゆとり教育」を求める声も、この運動のなかから出てきたものです。

こうした主張を、文部省は自分たちの権限への侵害、日教組の越権行為と受け取りました。教育内容は国家が責任をもって決めるものであり、その担当は文部省だという自負があるからです。

ただ、「教育は国家が責任をもつ」という考え方は、GHQが促進した教育の民主化という考えとは相いれません。教育も民主化されたのだから、「国家が教育内容を厳しく決めてしまうのはおかしい」という考え方も一方にあったのです。

その証拠に、文部省が一九四七年に学校で教える内容を最初に定めた**「学習指導要領」**には、「試案」という文字が入っていました。あくまで、子どもたちを教える先生のための「手引き」という位置づけで、「教育内容はそれぞれの地方、学校で、実情に応じて行えばいいものであり、国としてはあくまで基準を示すだけ」という考えだったからです。

しかし、一九五六年の「高等学校学習指導要領」から「試案」の文字が消え、「教える内容を国家が決める」という性格が強まります。一九五八年からは「文部省告示」として官報に記載されることで、「法的拘束力がある」と解釈されるようになりました。

学習指導要領は、国会で審議された法律ではないにもかかわらず、「まるで法律のように守らなければならないもの」という位置づけになったのです。これに日教組が反発します。「戦前の国家主義教育への逆コースではないか」というのです。

教育委員会も文部省の傘下に

一九五一年にサンフランシスコ平和条約が結ばれ、日本が独立を果たすと、それまでにGHQが導入した制度が少しずつ変えられていきます。学習指導要領の位置づけの変更もその一つでした。

教育の民主化の目玉であった教育委員会制度も変更を余儀なくされます。教育委員を選挙で選ぶと、学校の先生経験者や特定の政党色の濃い人ばかりが選ばれる、つまり日教組系の人ばかりになるという批判が出てきたのです。自民党は、「教育委員の公選制は教育の政治的中立にふさわしくない」という方針を打ち出し、教育委員会法に代わる「地方教育行政の組織及び運営に関する法律」案を国会に提出します。

この法案は、一九五六年、日教組を支援する野党が激しく反発し、参議院では警官隊が国会内に出動するという異常な事態のなかで可決されました。

この結果、教育委員の公選制は廃止され、現在のように、都道府県知事や市区町村長が議会の同意を得て任命する仕組みになりました（教育委員の数は原則五人に。ただし都道府県・市は六人以上、町村では三人以上にすることも可能）。会議の原則公開の項目も姿を消し、教育についての予算案をつくる権限も失いました。

さらに、教育委員会の事務局のトップ、事務局長の役割を担う「教育長」については、市区町村教育委員会の教育長は都道府県教育委員会の承認が必要になり、都道府県教育委員会の教育長については文部省の承認が必要になりました。

この結果、地方分権の考え方にもとづいて、それぞれ独立した力をもってスタートした教育委員会制度は、文部省―都道府県教育委員会―市区町村教育委員会という縦の序列に再編成されたのです。

それぞれの教育長は、「自分がこの地位にいるのは、〝上の人〟が承認したから」という思いをもちますから、どうしても上の顔色をうかがい、上の指示に従うという精神構造になりやすくなります。文部省の指示に従う教育委員会は、次第に主体性を失い、形骸化していくことになります。

あなたは、**地元の教育委員の名前を何人ご存じでしょうか？**　あなたが教育関係者でなければ、おそらくほとんど知らないのではないでしょうか。

教育委員を住民が直接選べなくなったことで、地元住民の教育委員会への関心は急激に薄れました。「教育委員会が住民から遠い存在になった」といわれるようになったのはこのためです。ちなみに**安倍政権は、この教育委員会制度を大きく変えようとしています。**詳細については第7章で述べます。

「先生の通信簿」をめぐって対立が激化

戦後教育システムの再編が進むなか、文部省と日教組が真正面から衝突する出来事が起きます。

一九五六年、愛媛県教育委員会が、県の財政悪化を理由に「先生の通信簿」と呼ばれる**「勤務評定」**を導入しました。これは、先生の勤務状況を校長がA・B・C・D・Eの五段階で評価し、D・E評価の三割の先生の定期昇給を見送るというものでした。

当時、愛媛県は県の財政が厳しく、職員全員を一斉に定期昇給するだけの資金が不足していました。しかし、県の財政悪化は表向きの理由で、裏には「日教組つぶし」の思惑がありました。

さかのぼること三年前、一九五三年の参議院選挙で、前愛媛県教組委員長の社会党候補に自民党の候補者が敗れます。これに強い危機感を抱いた自民党愛媛県連幹事長が日教組つぶしを画策。「公務員は人事と給料で攻めるのが一番」と考えた結果が、勤務評定導入だったのです。

当然、愛媛県教組も黙って従うわけがありません。反対闘争を繰り広げます。組合員である校長に勤務評定を行わないように働きかけ、提出を拒みます。当時は校長の多くも日教組の組合員だったのです。しかし、これを提出しない校長は次々に処分されました。

先生も、日教組に所属していると評価が悪くなるため、日教組を脱退する人が増え、実に愛媛県教組の七割、六三〇〇人が脱退するに至りました。

愛媛県の「日教組つぶし」がこうして成功裏に終わったため、勤務評定は、一九五八年から文部省の指導のもと、全国に広がることになります。

勤務評定に全面的に反対する日教組は、公務員には認められていないストライキを事実上行う「一斉休暇闘争」で抵抗しました。一斉に休暇を取る。これは事実上のストライキです。しかし、これまた、解雇、停職、賃金カットなどの処分が次々に行われ、ついには全国で約六万人が処分されます。

一斉休暇を指導した都道府県教組の幹部は、違法スト指導の容疑で警察に逮捕されました。

地域によっては、この頃から組合員数が激減したり、反日教組の教職員組合ができたりすることで、日教組の弱体化が進みます。日教組が今も残る地域でも、組織を維持するために教育委員会と良好な関係を保つところが出てきます。といえば聞こえはいいですが、実際は、教育委員会べったりの関係になっているところもあります。組合活動をすることで出世街道を歩む人たちもいるのです。自民党と文部省の「日教組つぶし」は全国的に成功したといえるでしょう。

その一方、文部省や教育委員会と厳しく対立することで、政治活動を強化する組織もありました。教育委員会の側が、組合のご機嫌伺いをするようなところも出てきました。

「日教組つぶし」に利用された感のある勤務評定ですが、ではまったく不必要な制度だったのかというと、そうともいえません。

一般企業において、上司が部下の勤務状況を評価するのは当たり前のことです。人件費に限りがある以上、評価の低い人の給与が上がらないのも企業では当然のことですから、「先生は生徒を評価して通信簿をつけるくせに、自分が評価されて成績をつけられるのをいやがるのはおかしい」といった批判もありました。

他方、一般企業では、上司は部下と一緒に仕事をしているから評価することができますが、校長は各教室で行われている先生の仕事ぶりを直接見る機会が少ないのが実情です。そこで、一人ひとりの先生を評価するのは難しいのではないか。その結果、校長にゴマをする教師ばかりが評価されるのではないか。校長ばかりを気にするようになると、大切な子どもたちに目が向かなくなるのではないか――。勤務評定に対するこうした批判の声もありました。

混乱を招いただけの「全国学力テスト」

一九六一年、「全国中学校一斉学力調査」が始まります。序章でも少し触れましたが、一般的には「全国学力テスト」と呼ばれることが多く、実は、私も中学生のときに受けたことがあります。

英語、数学、国語、理科、社会の五教科の基本事項が問われる試験問題で、文部省は、中学二年生、三年生の子どもたちが、どれだけの学力を身につけているかを調べ、今後の学習指導に活かしていくためと、その調査を開始する理由を説明しました。

当時は、塾や予備校の全国模試もありませんでしたから、高校進学の際の判断材料に使われたり、中学を卒業して就職する際の就職試験の代わりになったりしました。

これに対して日教組は、文部省が一方的に問題を作成して全国一律に実施することは、教育の国家統制を強める、生徒の選別や差別を強めるとして反対します。

何より問題になったのが、公表されないはずの都道府県別や市区町村別、学校別の成績が、実際には関係者に知らされていた点でした。これによって、競争が過熱します。

たとえば、都道府県別の平均点で上位だった香川県と愛媛県が、全国一位の座をめぐって激しい競争を始めました。一点でも平均点を上げるために学力の低い子を**試験当日に休ませたり、試験中に先生が正解を指で示したりといった目に余る行為が頻発した**のです。

こうした問題が報道されたことで、学力テストに反対するために白紙で答案を提出する生徒も出ました。私自身、反対運動があるのは知っていましたから、試験当日は大変緊張したのを覚えています。

混乱が全国に広がり、収拾がつかなくなった文部省は、一九六五年に規模を縮小し、翌一九六六年に中止を決めます。

教育の改善に役立つどころか、学校現場に混乱を招いただけだったと評価される学力テストですが、**二〇〇七年に復活**しました。これだけ混乱を招いたにもかかわらず、また実施されるようになったのです。

そして、今また成績の発表などが問題になっています。このあたりについては、第2章で詳しく見ることにしますが、過去の教育政策が検証されることもなく、歴史に学ぶこともない教育行政の一端が、ここにも垣間《かいま》見られるのではないでしょうか。

三〇年以上、裁判で争った教科書検定

一九六五年、東京教育大学（現・筑波大学）の家永三郎教授（当時）が、「教科書検定制度は憲法違反」と訴える裁判を起こします。自分が執筆した高校用の日本史の教科書が文部省の検定で不合格とされたり、書き直しを命じられたりしたからでした。

この家永教科書訴訟は、この第一次から、その後、第二次、第三次と続き、最後の判決が出る一九九七年まで、実に三二年間にも及ぶ長い裁判でした。この長い期間にわたって、日教組が家永氏を支援しました。

いずれも東京地方裁判所から始まって、東京高等裁判所、最高裁判所までいきました。最終的には、第一次訴訟と第二次訴訟では家永氏が負けましたが、第三次訴訟では、文部省の検定にも一部誤りがあったことが認められました。

裁判のなかで、教科書検定は憲法で禁じられた「検閲」に当たるという主張は退けられ、教科書検定制度は合法的なものであることが認められました。しかし、具

体的な検定の内容については、文部省にも間違いがあったことが認められ、教科書検定は慎重に行わなければならないことが指摘されたのです。

その後、教科書検定は、当時よりもゆるやかなものになり、教科書会社の自由度が増していましたが、**安倍政権の「教育再生」では、検定基準を厳格化する方向で見直しが行われています。**この点については、第3章で改めて解説します。

「日の丸」と「君が代」をめぐる対立の歴史

GHQの占領下で掲揚《けいよう》が禁止された「日の丸」と、国民学校令施行規則から削除された「君が代」の斉唱。一九五〇年に、天野貞祐《あまのていゆう》文部大臣（当時）が、学校の学芸会や運動会で国旗を掲揚し、君が代を斉唱することを求める談話を発表したことで、文部省と日教組の対立が始まります。

「日の丸や君が代は日本の国旗や国歌であるから、入学式や卒業式で日の丸を掲げ、君が代をみんなで歌うように指導しなさい」という文部省と、「日の丸や君が代のもとで日本は第二次世界大戦中、アジアの国々を侵略し、多大な迷惑をかけた。日の丸・君が代は日本の法律で国旗・国歌と決められたものではないし、強制するべきではない」という日教組が激しく対立しました。

その後、学習指導要領の改訂によって文部省が少しずつ攻勢に出ます。

一九五八年の最初の改訂では、小学校一年生の音楽で「君が代」を教材に指定しました。また、国民の祝日などで儀式をするときは、「国旗を掲揚し、『君が代』を斉唱させることが望ましい」となっています。

これが、一九七七年の改訂では、小学校の音楽で「国歌『君が代』は、各学年を通じ、児童の発達段階に即して指導する」と規定されました。学校での儀式については、「国旗を掲揚し、国歌を斉唱させることが望ましい」と記述されました。それまで、ただ「君が代」と表記されていたものが、このときから「国歌」として扱われたのです。

さらに、一九八九年の改訂では、「入学式や卒業式などにおいては、その意義を踏まえ、国旗を掲揚するとともに、国歌を斉唱するよう指導するものとする」という表現になりました。それまで学校で儀式などをするときには、「望ましい」という表現だったのが、「入学式や卒業式」と具体的に指定したうえで、「指導するものとする」という表現に変化したのです。「日の丸」の掲揚と「君が代」の斉唱が義務づけられたのです。

一九九九年三月には、卒業式で「日の丸」を掲揚するように職務命令を出した広島県教育委員会と、これに反対する広島県高等学校教職員組合の間で板ばさみになった広島県立世羅高校の校長が自殺するという悲劇も起こりました。

これをきっかけに、政府は「日の丸」を国旗、「君が代」を国歌とする法律案を国会に提出し、同年八月、法律が成立しました。以後、**日教組は方針を転換。「日の丸」「君が代」への反対運動をしないことになり、この問題は沈静化**することになります。今も「日の丸」「君が代」の義務化をめぐって反対運動をしている人たちもいますが、日教組としての組織的な行動ではなくなっています。

その後、「日の丸」「君が代」問題が再び注目されたのは二〇〇三年です。東京都の石原慎太郎都知事（当時）のもとで、都教育委員会は、教職員に日の丸の掲揚・君が代の起立斉唱を義務づける通達《つうたつ》を出しました。

また二〇一一年には、大阪府の橋下徹知事（当時）が公立校の教職員に君が代の起立斉唱を義務づける全国初の条例（その地方自治体に有効な決まりのこと）を制定。橋下氏の同級生で当時（二〇一二年三月）は府立高校長だった中原徹氏が、卒業式で先生たちが君が代を斉唱しているか口元をチェックするように指示を出したこともニュースになりました。

日教組が大きく方針転換した理由

しかし、文部省と日教組の長きにわたる対立関係にも転機が訪れます。

一九八九年、日教組が労働組合の連合体の「連合」に加盟するかどうかをめぐって、加盟を求める当時の社会党系の主流派と、加盟反対の共産党系の反主流派が激しく対立。反主流派は日教組から脱退して、新たに「全日本教職員組合」（全教）を一九九一年につくりました。

それまでも主流派と反主流派との対立はあったのですが、どちらかが妥協することで何とか分裂だけは避けてきました。が、とうとう分裂してしまいます。

さらに、一九九四年、日教組が支持してきた社会党が、長年の政敵であった自民党との連立政権をつくり、村山富市総理大臣が誕生します。これをきっかけに、い

■教職員の団体加入率

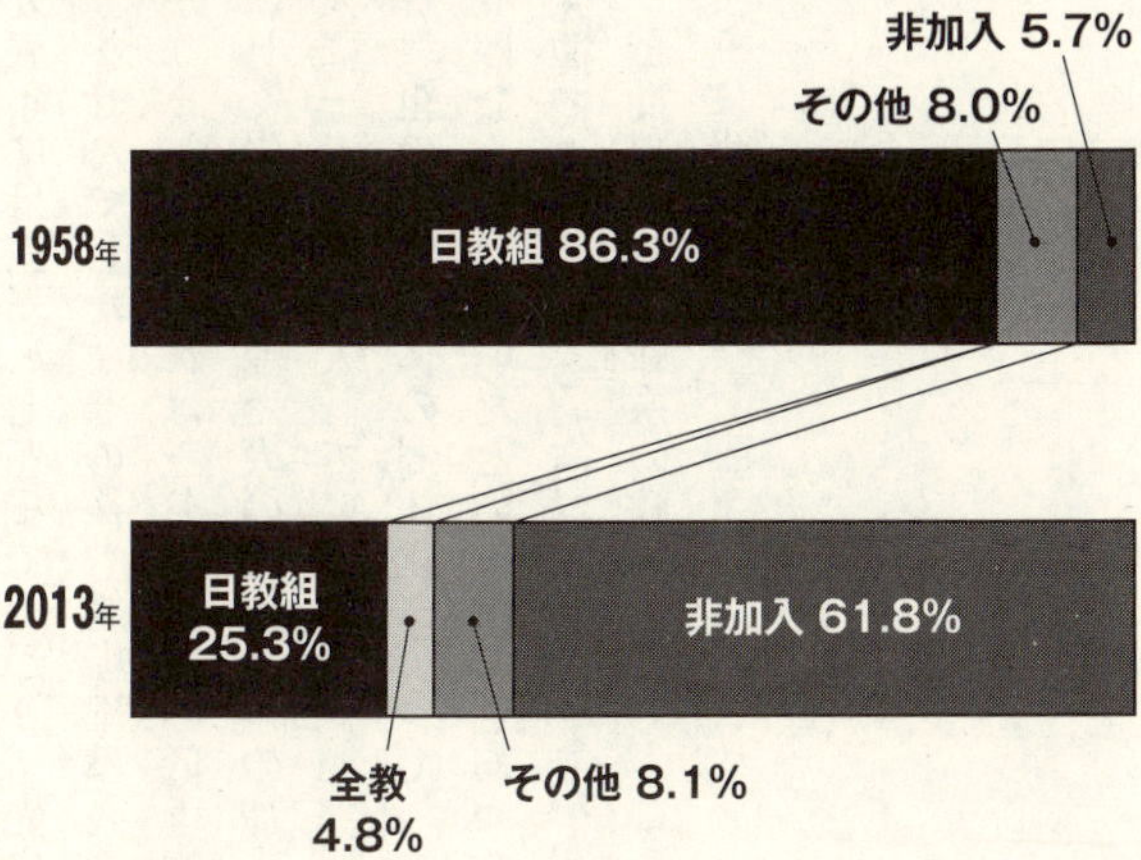

つまでも文部省と対立ばかりしていられなくなり、翌一九九五年、日教組は方針を大きく変えました。文部省と一緒に教育の問題を考えていく協調路線に変更したのです。

劇的な方針転換でした。教職員団体として、文部省とともに日本の教育に責任をもつことを選んだといえます。

方針転換の背景には、日教組の組織率の低下もありました。文部省が調査を始めた一九五八年に八六・三％あった組織率は、次第に減り続け、分裂前にすでに五〇％を切っていました。

反主流派の脱退によって三六・九％に急落した組織率は、方針転換した一九九五年には三三・七％まで下がり、先生の三人に一人しか、日教組の組合員ではありませんでした。その後も組織率は長期低落。二〇一三年には二五・三％にまで下がりました。これは三七年連続の低下で、過去最低の数字を更新しました。

新しく先生になった人の日教組への加入率も、一九九〇年以後は二〇％前後で、五人に一人しか加入していません。

日教組の組織自体の弱体化によって、もはや文部省と正面から対立するだけの存在ではなくなっていたという事情もあったのです。**弱体化し、教育に大きな影響力を発揮できなくなった日教組。**にもかかわらず、「日教組が日本の教育を悪くした」と批判する保守系の政治家たち。ここでも実態を見ない教育論議が行われているように思えます。

第2章

学校では教えてくれない「教育の戦後史」②

―ゆとり教育vs.詰め込み教育―

今の四〇代も実は「ゆとり教育」世代？

前章では、戦後の日本の学校教育の歴史について、文部省と日教組の対立を中心に見てきました。この章では、学校で教える内容が、戦後、どのように変わってきたのかを見ていきます。

さて突然ですが、**あなたは「ゆとり教育」世代ですか？　それとも、「詰め込み教育」世代ですか？**

こう質問すると、多くの人は「自分は詰め込み教育世代だ」と答えます。しかし、戦後直後はゆとり教育といえる内容でしたし、学習指導要領が初めて「詰め込み」から「ゆとり」に方針転換したのは一九七七年です。

現在の二〇代、三〇代はもちろん、一九八〇年代に教育を受けた四〇代の人も、実はゆとり教育に方針転換後の教育を受けた世代なのです。

ちょっと、びっくりしましたか。それを確かめるために、学習指導要領の改訂の歴史を振り返ってみましょう。

「学習指導要領」がすべてを決定

学校で教える内容を決めている「学習指導要領」。「要領」という名前になっていますが、これがどういう意味なのか、なかなか要領を得ないのではないでしょうか。まずは、この説明から始めましょう。

学習指導要領とは、小中高校で教える内容や教科の目標を国が示したものです。

小学校の国語では、「雨」という漢字は一年生で学び、「雲」や「雪」は二年生で学習します。「朝」という漢字は二年生、「晩」は六年生で習います。これは日本国内なら、どこにいても、どの教科書を使っても同じです。

算数は、二年生でかけ算、三年生で割り算を学びます。

同じように、小学校の社会科では、六年生で、遣隋使《けんずいし》や、小野妹子《おののいもこ》、伊能忠敬《いのうただたか》、野口英世《のぐちひでよ》などの人物を学ぶことになっています。

音楽ですと、小学校の一年生で「うみ」、二年生で「春がきた」、三年生で「春の小川」を習います。

こうしたことを全部決めているのが、学習指導要領なのです。教科書会社は、学習指導要領に沿って教科書をつくっています（正確には、学習指導要領の「解説」に沿って作成します。「解説」については次の第3章で解説します）。

日本の子どもたちが、通う学校や使う教科書が違っても、「これだけは知っておいて欲しい、これだけの力をつけて欲しい」という基準を、文部科学省が決めているのです。「子どもたちが学習する内容についての指導の要領」という意味なのです。

前章でも触れましたが、この学習指導要領が最初につくられたのは、戦後間もない一九四七年です。このときには、「試案」という文字が入っていて、子どもたちを教える先生のための「手引き」という位置づけでした。

それが、「教育内容については国家が責任をもって決める」と考える文部省によって改訂され、一九五八年からは官報に記載されることで、法的拘束力をもつようになります。

国会で審議された法律ではなく、国民の代表による議論にさらされることもないまま文部科学省関係者だけで決められているにもかかわらず、日本の学校の教育内

■学習指導要領の歴史

1947年　最初の学習指導要領
・文部省の「試案」として作成 ・現場の先生の創意工夫に任せる
1958年　基礎学力の向上
・「試案」の表記が消え、法的拘束力をもつ「文部省告示」に ・「道徳」の時間を新設 ・国語・算数の時間数増加、科学技術教育の向上
1968年　教育内容の現代化
・教える内容の増加（例：小学校の算数に集合や関数の概念が導入される）
1977年　学校にゆとりを
・「ゆとりの時間」を新設 ・教育内容の精選
1989年　新しい学力観
・小学校に「生活科」が登場 ・学校週５日制の導入
1998年　生きる力を育む
・教科内容を大幅に削減（厳選） ・学校週５日制の全面実施 ・「総合的な学習の時間」の新設
2008年　脱ゆとり教育
・授業時間が約30年ぶりに増加 ・小学校５、６年生に「外国語活動の時間」を新設

容を規制しているのが学習指導要領なのです。

およそ一〇年に一度改訂される

戦後、これまでに学習指導要領は七回にわたって改訂されてきました。ほぼ一〇年に一度のペースです。

改訂は、文部科学大臣の諮問《しもん》機関である中央教育審議会（以後、中教審）の答申によって行われます。**「諮問機関」**というのは、難しい言葉ですね。大臣が「〇〇について具体的な意見をまとめてください」と相談する専門家の集まりのことです。大臣に頼まれて考えをまとめたものを報告するのが**「答申」**です。

中教審が、「これからの学校では、こういうことを教えるべきです」と方針を定め、審議会内部に設置されている教育課程部会が具体的な内容を決めます。

現在の学習指導要領には、幼稚園、小学校、中学校、高等学校、特別支援学校、合計五つの学習指導要領があります（幼稚園だけは「教育要領」という）。

中教審に選ばれる委員は専門家だけではなく、「なぜこの人が」と首をかしげたくなる人たちが含まれることもあります。委員が入れ替わるたびに方針が変わることも珍しくありません。

アメリカ式の教育理念でスタート

戦後最初の「学習指導要領」は、国家の強制をやめ、教育の民主化を進めるGHQの方針に沿ったものでした。アメリカ式の教育理念にもとづき、地域や学校の実情に応じて現場の創意工夫に任せるという性格のものです。短期間に作成されたこともあり、一九五一年に最初の改訂が行われています。

ところが、しばらくすると、父母から、この教育方法に不満が出るようになりました。子どもたちの計算力が弱い、漢字が書けない、地理の知識がない、といった批判です。もちろん、第二次世界大戦中は満足に授業ができなかったのですから、その後遺症であることも考えられましたが、「アメリカ式の教育理念は日本にそぐわない。もっと知識を教えろ」という圧力が高まったのです。

先進国に追いつけと「詰め込み教育」に

こうした父母の批判を受けて、学習指導要領は一九五八年に二度目の改訂が行われます（高等学校の学習指導要領だけは一九五六年にも改訂が行われた）。指導要領の「試案」という文字はなくなり、「文部省告示」という形になりました。ここから、法律的な扱いになったのです。

この改訂で、週一回、「道徳」の授業が新たに加わりました。さらに、基礎学力の充実、科学・技術教育の向上、地理・歴史教育の充実などが重点となりました。日本式の知識伝達型教育の復活という性格をもったのです。

この背景には、前の年に当時のソ連が、世界初の人工衛星「スプートニク」の打ち上げに成功するという〝事件〟がありました。ソ連と対立していたアメリカなどの西側諸国は大きなショックを受けました。「スプートニク・ショック」と呼ばれました。「このままではソ連に負ける」という危機感が広がり、戦後の混乱からの復興をめざす日本でも、国際的な技術革新に負けない国にするための人材の養成を求める声が高まったのです。

この考え方をさらに推し進めたのが、一九六八年の改訂でした。「教育内容の現代化」がスローガンで、教える内容はさらに増えます。これまで上の学年で勉強していた内容を下の学年で扱うようにするなど、盛りだくさんのものになりました。小学校の算数に集合や関数の概念が導入され、「親が子どもに教えられない」という悲鳴が聞かれるほどになりました。

内容が盛りだくさんになったわけですから、一つの内容を教える時間は、これまでより短くなります。小学校一年生の「ひらがな」の読み書きは、半年かけて教えていたものが一カ月に縮められました。小学校二年生のかけ算九九の学習も、半年から一カ月に短縮されました。

結果として「詰め込み教育」になってしまい、「消化不良」や「落ちこぼれ」が大きな社会問題になったのです。この頃から、小学生の塾通いも目立ち始めました。

落ちこぼれ続出で「ゆとり教育」に転換

この反省に立って学習指導要領が改訂されたのが、一九七七年です。「学校にゆとりを！」が合言葉でした。授業時間数が削減され、代わって、「ゆとりの時間」が導入されました。各学校が、勉強以外の時間として自由に使っていい時間になったのです。

ところが、「上から指示されないと、自分ではどうしていいかわからない」という日本の教育界の悪い面が出ます。「時間をどうぞ自由にお使いください」と当時の文部省から言われて、現場の学校では戸惑いが広がりました。**「ゆとりの時間」をどう使うか苦心のあげく、すっかりゆとりをなくす先生たちが激増した**のです。全国連合小学校長会が文部省に対して、「ゆとりの時間」の使い方について例を示して欲しいと申し入れを行ったほどです。

「ゆとり」を生み出すために授業時間は削減され、小学校高学年では、国語、算数、理科、社会がそれぞれ週一時間ずつ減らされました。中学校では、英語の授業が週に一回減り、週三回になりました。

教科書も薄くなったのですが、肝心の教える内容は、それほど減りませんでした。その結果、一つの項目についての教科書の記述は減り、かえってわかりにくくなりました。教える内容をあまり減らさないまま教科書を薄くしたため、たとえば、算数ですと練習問題が削られました。算数は、練習問題を数多くこなして計算に慣れる必要があるのですが、それがなくなってしまったのですから「落ちこぼれ」問題は解決しません。

中学校で英語の授業時間数が減ったことは、英語の能力の低下として問題になりました。私立の中学校では、週六時間から七時間も英語の授業をするところもありましたから、都市部を中心に、私立中学受験をめざす小学生が増える結果となりました。

小学校に「生活科」が誕生

この反省にもとづいて、一九八九年に、次の改訂が行われました。中学校では選択科目にあてられる時間数が増え、その時間を英語の授業にすることが可能になりました。

このときの改訂では、小学校の一年生と二年生の社会科と理科が一緒になって、「生活科」という教科が新しく生まれました。小学校低学年の子どもに、社会科や理科の形で系統的に理解させるのには無理があるので、子どもの身の回りの生活を通じて、社会や自然を理解させようという趣旨からでした。

生活科の学習指導要領の冒頭には、「自分と身近な社会や自然とのかかわりに関心をもち……」と書いてあります。「身近な社会や自然」というわけですから、地域によってさまざまな教育ができるはずです。

ところが、指導要領のなかに「動物を飼ったり植物を育てたりして」と書いてあったことから、全国の小学校が一斉にウサギを飼い、アサガオを育てるようになってしまいました。日本の学校の先生たちの画一的で自主性のなさを示している、といってはいい過ぎでしょうか。

中学校は「新しい学力観」で混乱

また、このときの改訂で、「新しい学力観」が提唱されました。子どもの学力とは、知識の量ではなく、「自ら学び、自ら考える」力だ、というものです。そして、「社会の変化に主体的に対応できる」子どもを育てようという方針を打ち出しました。

具体的には、教科に対する「関心、意欲、態度」についても評価しようというものです。これまでの授業は、生徒に知識を教え込み、どれだけ理解しているかを定期的な試験で見てきました。これでは、その授業に熱心に取り組み、勉強する意欲があっても、たまたま定期試験でいい結果が出なかった生徒が学ぶ意欲を失うのではないか、それではかわいそうだから、日ごろの勉強態度も見てあげて、成績評価の一つにしてあげようというものでした。

この考え方は、大人として、よくわかります。試験の成績だけでなく、日ごろの努力も見てあげようという考え方は、とても思いやりがあるように思えます。ところが、この考え方が文部省から学校現場に降りていくと、とんでもないことになったのです。

たとえば、中学校では、**教師が授業中に、生徒が何回手をあげたかを数え、「挙《きょ》手《しゅ》ポイント」として成績につける**ということが行われました。授業中にたくさん手をあげる生徒は、「学習に対する関心、意欲、態度」がすぐれているだろう、というわけです。このため、「わからなくてもポイントをかせぐために手をあげる」と話す中学生もいました。

授業中に生徒が書くノートを定期的に先生に提出させ、きれいな字できちんと整理されていたら高い点数をつける、ということも行われました。

また、生徒会活動やクラブ活動、ボランティア活動なども、生徒会長をやれば五点、学級委員をやれば二点、クラブ活動で全国大会に出場すれば六点などと点数化され、こうした点数が高校入試の判断材料になったのです。

「週休二日制」で運動会が中止？

世の中に週休二日が普及するのにともなって、学校でも週休二日にしたらどうか、という意見が強まり、文部省は一九九二年秋から、月一回の**「学校週五日制」**を導入しました。一般的には「週休二日制」といいますが、学校では「学校週五日制」と呼んでいます。この「学校週五日制」は、一九九五年から月二回に拡大され、二〇〇二年からは完全な週五日制となりました。

この改革は当初、学校で教える内容を減らさないままに実施されたものですから、各学校は、授業時間数を確保するため、遠足や運動会を中止するなど学校行事の縮小で対応しました。それでも時間数が足りないため、授業が内容の詰め込みになってしまったという指摘があります。

教える内容が三割削減された

一九九八年の学習指導要領の改訂では、この二〇〇二年度から実施された学校完全週五日制に合わせて教育内容が大胆に削減されました。一九七七年改訂の「ゆとり教育」の失敗の反省の上に立ち（文部省は失敗を認めていませんが）、授業時間数が減る以上に教える内容を減らして、今度こそ学校に「ゆとり」をもたらそうというのが最大の狙いでした。

授業時間数も、たとえば小学校一年生の場合、四五分の授業がこれまで年間八五〇回（正式には回数とはいわず「時数」という）だったものが七八二回に、四年生から六年生までは一〇一五回が九四五回にまで減らされました。中学校は、五〇分の授業が、各学年一〇五〇回から九八〇回にまで削減。これだけ授業時数を減らすのですから、教える内容も大幅に減らされました。各教科について、教える内容を上の学年に上げたり、そもそも教えるのをやめてしまったりしたのです。

そうした結果、教える内容は三割削減されました。これは、「新しい学力観」をさらに徹底させて、知識を教え込む教育から、子どもたちが自分で学んで、自分で考える力をつけようという理念にもとづいています。

開始前に学力低下不安があおられた

しかし、ゆとり教育の本格的実施が近づいたとたん、「こんなに勉強する内容が減ったら、子どもたちの学力が低下する」と心配する声が高まりました。二〇〇一年三月一五日の読売新聞には「『ゆとり教育』四八％反対　学力低下に懸念高まる」とあります。

学力低下を心配する人が増えた背景には、一九九九年秋、首都圏のある大手学習塾の**「3・14が3になる」「さようなら台形君」**といった広告の影響もありました。円の面積は「半径×半径×3」になり、台形の面積を求める公式「(上底＋下底)×高さ÷2」は教えなくなると広告したのです。

これが多くの大人に衝撃を与え、学力低下への不安感が高まりました。

実際にどうだったかといえば、教科書には「円周率は3・14」と書いてありました。円周率が出てくるのが小数点の計算を学ぶ前なので、「3として計算してもいい」と書かれていたにすぎません。

台形の面積を求める公式はたしかに教科書に出てこなくなりましたが、どうやったら面積を求められるか、三角形二つに分けてみるなど、考えさせる問題として学ぶようになっていました。公式を丸暗記させることをやめただけで、台形の面積を求める学力は維持されていたのです。

学習塾には、公立の学校に行ったら学力が下がるかもしれないと不安をあおることで、私立を受験する子どもを増やす意図があったのでしょう。

自分で魚を釣れる子に

「ゆとり教育は、学力の低下を招く」と批判された際、当時の文部省の銭谷《ぜにや》眞美《まさみ》審議官は、教育雑誌のインタビューに答えて、こう語っています。

「教育の実施の経験、子どもの現状および将来を見通したときに、これまでのように多くのことを、すべて学ばせるというやり方でいいのだろうか、という反省の上に立っていることは事実です。（中略）文部省は、決して知識を軽視しているわけではありません。ただ、わからないものをたくさん学び、わからないままに終わる、そういう見せかけの知識であってはならない。本当に必要なものを、最小限きちんと身につけ、その上でそれを発展させていける、さらに進んで学習できるような力を、小・中学校の段階で身につけられるようにする、そのことが子どもたちの現在と将来にとって、本当に必要なことではないかと考えたわけです」（時事通信

出版局『教員養成セミナー』一九九九年三月号別冊より）

私が当時担当していた『ＮＨＫ週刊こどもニュース』では、この考え方を、学校を海辺にたとえて説明しました。先生が「知識の海」から釣ってきた知識という魚を、ただ待っていて受け取る子どもたちから、学校で魚の釣り方を教わって、「知識の大海」に自ら釣りに行く子どもにしようという考え方だと説明したのです。

個人的には、私はこの「理念」は素晴らしいと思うのですが、そのためには、現場の先生たちに、きわめて高い能力と大きな負担が求められます。何よりも、子どもたちを教える先生自身に、「自ら学び、自ら考える」ことが求められるのです。

そこに、このときの改訂の落とし穴がありました。

「総合的な学習」が登場

一九九八年の学習指導要領の改訂には、もう一つ大きな柱がありました。**「総合的な学習の時間」**の登場です。これは、「自ら学び、自ら考える」能力を育てるために、その授業内容を各学校で決められるようにしたものです。

戦後、教える内容をこと細かに決めてきた学習指導要領ですが、この「総合的な学習の時間」については、「学校の実態に応じた学習活動を行うものとする」と書かれてありました。まさに現場の創意工夫に任せたのです。これは、「学校で教える内容は国家が決める」という戦後の文部省の教育方針の流れから考えれば、画期的な発想の転換でした。

ただ、またまた「どんなことを教えればいいのか、文部科学省が、その例を示してください」という要望が出されることを予期したのか、学習活動の例として四つの分野があらかじめ示されました。「国際理解」「情報」「環境」「福祉・健康」の四つです。

こうした例示から、実際に小学校で「総合的な学習の時間」がスタートしたときには、「国際理解」という名のもとに英語に親しむ授業が行われ、「情報」ならコンピュータに触れる教育、「環境」なら自然を守る取り組み、「福祉・健康」なら福祉施設でのボランティアなどが行われました。

当初は、とても創意工夫がされた授業とはいえないものも多かったのが現実でした。力のある先生がいる学校では見事な授業が行われる一方で、力のない先生がやると授業時間中混乱しておしまい、ということもありました。それでも、年を重ねるごとに先生たちの努力によって本来の趣旨にふさわしい、科目横断的な授業や自ら考える授業が増えていきました。

相対評価から絶対評価へ

一九九八年の改訂では、成績を評価する方法も、それまでの相対評価から絶対評価になりました。

それまで通信簿（通知表）の五段階評価には人数制限がありました。「5」は何人、「4」は何人と割合が決められていたのです。この相対評価では、できる子が多いクラスでは、がんばってテストでいい点をとっても、「5」や「4」をもらえない子も出てきます。

一方、絶対評価であれば、極端にいえば、クラス全員に「5」をつけることも可能です。学習指導要領に示された目標が完全に実現できていれば「5」という評価になり、その人数に制限はないからです。

ちなみに現在、小学校の一年生、二年生にはそもそも「評定《ひょうてい》」がつきません。**三年生から六年生までは評定がつきますが、昔のような五段階の相対評価ではなく、三段階の絶対評価**になっています。このあたりの事情については、第4章で詳しく解説します。

「ＰＩＳＡショック」で学力テストが復活

一九九八年の学習指導要領の改訂が学校で実施されたのは、二〇〇二年からでした。その一年後、二〇〇三年に行われたＰＩＳＡの成績が二〇〇四年一二月に公表されると、「ゆとり教育によって子どもの学力が低下」「心配や懸念が現実になった」と大きく報道されます。いわゆる「ＰＩＳＡショック」です。

二〇〇〇年の第一回、「読解力」は八位でしたが、これが一四位に、「数学的リテラシー」は一位から六位に大幅に下がりました。「科学的リテラシー」は二位のままでしたが、「ゆとり教育によって日本の子どもの学力が下がった」と、ゆとり教育に反対していた政治家や教育評論家が騒いだのです。

ＰＩＳＡの順位が下がったのは事実ですが、その原因が必ずしもゆとり教育とはいえないこと、学力が下がったわけでもないことは、序章で見たとおりです。

本当に日本の子どもの学力がゆとり教育で下がっているのか、下がっているとしたらどの分野か。そうした子どもの学力の詳細を調べるために、二〇〇七年に「全国学力・学習状況調査」通称「学力テスト」が、実に四三年ぶりに行われることになりました。（全国の小学六年生、中学三年生全員が対象）。かつてこのテストによって都道府県や学校の競争が激化し、目に余る行為が次々に起きたことで中止になった経緯については、前章で触れたとおりです。

ところが、毎年実施されるようになった後、文部科学省での結果発表の記者会見で、ある記者が文部科学省の担当者に「子どもたちの学力は上がっているのですか、それとも下がっているのですか」と質問しました。その答えは「昨年と問題が違いますから比較できません」でした。

それを調べるために学力テストを復活させたのではなかったのでしょうか。

日本全国すべての学校で学力テストを行うことを悉皆《しっかい》（全数）調査と呼びますが、この方法だと、たとえ試験問題を回収したとしても、どんな問題が出たかはわかります。翌年、もし同じ問題で学力テストを行えば、試験対策をすることによって得点を上げることができます。結果、テストの得点は上がっても、学力が本当に上がったのかはわかりません。だからといって、テスト問題を変えると、問題が違うのですから、単純に経年比較はできなくなります。子どもでもわかることです。

これに対してＰＩＳＡは、統計学的に有意な抽出調査です。抽出する割合や地域バランスなどを考えて学校を選び、テスト後に試験問題を回収します。次回は別の学校でテストが行われますから同じ試験問題を使うことができます。こうすれば、学力が上がっているのか、下がっているのか経年比較ができます。しかも、このほうがお金もかかりません。

全数調査は二〇〇九年まで三回実施されましたが、事業仕分けを経て二〇一〇年からは、文部科学省が選んだ学校と参加を希望した学校だけで、規模を三〇％に縮小して実施することになりました。ところが参加希望校が続出し、結果的に約七割の学校が参加。翌二〇一一年は東日本大震災の影響で中止になり、二〇一二年は同様の形で実施されました。

二〇一三年は、再び抽出方式から全数方式に戻り、全国の国公立の小・中学校がほぼ一〇〇%参加することになりました。ただその一方で、経年変化を調べるための追加調査も、ようやくではありますがこの年からスタートしました（無作為に抽出した全国の小学校二二〇校と中学校二四〇校で実施。同一問題で経年比較を行うため、問題は原則非公開）。

「学校別の成績公表」には賛否両論あり

全国学力テストをめぐる論点として、もう一つ触れておかなければいけないのが**「学校別の成績公表」**についてです。

二〇一四年からは「学校別成績」を市区町村の教育委員会の判断で公表できるようになりました。

文部科学省は公表を認める理由を、「地方から『保護者への説明責任を果たしたい』との要望がある。教育委員会が教育施策を検証し、学力改善につなげるなら公表を認めることにした」と説明しています。

しかし、同省が七月に行った調査では、学校別の成績を公表することに賛成の市区町村教育委員会は一七%、反対が七九%でした。また保護者も反対が五二%と賛成の四五%を上回りました。

公表に反対する人たちは、**学校間の過度な競争や、一部教科の成績だけで学校のよしあしを見る「序列化」が起こる危険性**を指摘しています。

そうしたことを防ぐために、文部科学省は公表にあたって「学校別平均正答率の一覧や順位づけは禁止」という条件（配慮事項）をつけましたが、効果はほぼないでしょう。公表情報をもとに第三者が一覧を作成・公表する事態は防げないからです。

一方で、**「広く公表されれば、他市町村との比較ができるようになり教育の質が上がる」**「現状をしっかり把握して、市民全体で地元の教育を考えることは重要」「成績上位の校名公表でよい取り組みが広がる」といったように、公表に賛成な首長は少なくありません。また、配慮事項に違反しても罰則がないため、学校の順位づけや一覧表の公表に踏み切る自治体が出てくる可能性は大いにあります。

学校別成績の公表がどれだけ広がるか。そして、それによってどんな影響が出るのか、気になるところです。

「脱ゆとり」で授業時間が今度は増加

学習指導要領の話に戻ります。

学力テストを行っても、ゆとり教育によって学力が低下しているかはわからないままだったのですが、「脱ゆとり教育」に方針を転換して、二〇〇八年に七回目の学習指導要領の改訂が行われました。

小学校では、国語、社会、算数、理科、体育の授業時間が六年間で約一割、三五八時間増えました。さらに、小学校五、六年生には新たに外国語活動の授業時間が週一時間新設されました。

一方、ゆとり教育の目玉であった総合的な学習の時間は、週一時間減らされ、六年間の授業時間は、四三〇時間から二八〇時間へと一五〇時間も減りました。

これらの改訂によって、小学校一、二年生で週二時間、三～六年生で週一時間、授業時間が増加することになりました。

中学校でも同様に、国語、社会、数学、理科、保健体育、外国語の授業時間が三年間で約一割、四〇五時間増えました。減ったのは、やはり総合的な学習の時間で、三年間で二一〇～三三五時間あった授業時間が一九〇時間に減りました。選択科目の授業時間を減らし、必修科目の授業時間を増やした結果、各学年で週一時間、授業時間が増えたことになります。

「土曜授業」が復活する？

この二〇〇八年の学習指導要領の改訂は、小学校では二〇一一年度、中学校では二〇一二年度から全面実施となりましたが、PISAの順位を一刻も早く上げたかったからなのか、算数・数学と理科だけは、二〇〇九年度から先行実施されました。

そのPISAの二〇一二年調査では、「数学的リテラシー」に関する「質問紙調査」が行われました。この結果を見ると、数学の授業についていけないのではないか、ひどい成績をとるのではないかといった不安を感じている生徒が多いことがわかります。「将来の仕事の可能性を広げてくれる」と答えた生徒も五二％と約半数でした。

二〇一二年に独立行政法人科学技術振興機構が行った「中学校理科教育実態調査」では、「理科の授業で学習したことを普段の生活の中で活用できないか考える」と答えた生徒は四一％、「好きな仕事につくことに役立つ」と答えた生徒も二八％しかいないことがわかります。

こうした数字を見ると、学習指導要領がめざす「理数の力を育む」ことで実生活に活かし、将来の職業に結びつけることができるのか、心もとない気がします。

実は二〇一二年の衆議院総選挙での**自民党の政権公約には「土曜授業の実現」が明示**されていました。「土曜日を活用することで、平日のゆとりを回復すると同時に、子どもたちの学力も維持しよう」というのが狙いです。

これを受けて文部科学省は二〇一三年一一月、公立の小中学校などにおいて土曜日に授業が行いやすくなるよう省令を改正しました。土曜日に授業を実施できるのは「特別な必要がある場合」に限られていたのを、「教育委員会が必要と認める場合」は実施できるようにしたのです。

では、小中学生の子どもをもつ保護者たちは、土曜授業が復活することをどう考えているのでしょうか。ベネッセ教育研究開発センターが朝日新聞社と共同で二〇一二年に行った調査によると、**二三・四%の保護者が「土曜授業の完全復活」**を、**五七・三%の保護者が「隔週での土曜授業復活」をそれぞれ支持**しています。

一方、市区町村教育委員会からは土曜授業に否定的な意見が多いようです。教員の勤務体制の調整が困難、活動の日程との調整が困難、地域の教育活動との調整が困難といったことが、その理由としてあがっています。

あなたの地元の学校や子どもが通う学校では、この四月からどうなったでしょうか。

小学校五、六年生で英語が必修化

小学校五、六年生に新たに必修化された「外国語活動」とは、外国語となっていますが、実際には英語のことです。将来、英語を話せるようになるために、小学生のときから英語に「慣れ親しませながら、コミュニケーション能力の素地を養う」

のが目標です。

教科とは異なる位置づけのため、数値評価などはありません。

実は、これまでにも、ほとんどの小学校では総合的な学習の時間に、外国語指導助手（以後、ＡＬＴ）など外部人材が中心になって外国語活動が行われていました。必修化されていない小学校低学年、中学年では、現在も多くの学校で行われています。

必修化によって変わったのは、授業の中心を担うのがＡＬＴなどの外部人材から学級担任になったことです。ベネッセ教育研究開発センターの調査によると、必修化以前は学級担任が中心を担う割合は二八％で、ＡＬＴなどが六〇％だったのに対し、必修化後はこれが逆転して、学級担任が六六％、ＡＬＴなどが二五％になりました。

しかし、小学校の先生は、英語の指導法については大学の教職課程で学んでいません。あくまで大学で英語を勉強しただけです。「まさか、自分が英語を教えることになるなんて！」という先生も多いのではないでしょうか。

ＡＬＴの多くは、「語学指導等を行う外国青年招致事業（ＪＥＴプログラム）」によって来日している外国人です。英語を母語としている人たちですから、子どもたちはネイティブの発音に触れることができます。

日本人の先生も英語を教えるために研修を受けたりしていますが、果たして、学級担任が授業の中心になったほうがよかったのか、悪かったのか、これからの検証が待たれるところです。

近い将来、「英語は小学校三年生から」になる？

中学校の授業時間増のなかでも、一番増えたのが英語でした。各学年で週一時間増え、三年間で一〇五時間増えました。習う語彙《ごい》数も増え、教科書もページ数が増えて厚くなりました。

グローバル化に向けて英語を強化する方針は、高校の学習指導要領の改訂でも同じです。二〇一三年度からは、「授業は英語で行うことを基本とする」ことになりました。これも、英語の文法や語彙といった知識中心の学習から、英語を聞き、話す活用中心の学習へということなのでしょう。

■小中高の英語教育はどう変わる？

	現行	計画
高校	・原則英語で授業 ・英検準２級～２級程度が目標	・英語で授業し、発表や討論重視 ・英検２級～準１級程度が目標
中学	・英検３級程度が目標	・原則英語で授業 ・英検３級～準２級程度が目標
小学 5･6年	・教科ではない(評価はつかない) ・週１コマ程度 ・学級担任を中心に指導	・正式教科化 ・週３コマ程度 ・専科教員を積極的に活用
小学 3･4年	・なし	・教科ではない(評価はつかない) ・週１～２コマ程度 ・学級担任を中心に指導

（文部科学省「グローバル化に対応した英語教育改革実施計画」2013年12月をもとに作成）

その方針は、たしかに素晴らしいとは思いますが、ここでも学校現場の先生のことは二の次です。「英語の先生なのだから、英語で授業ができるだろう」という印象だけで決まってしまったのではないでしょうか。さらに、高校の学力格差は考慮されていません。英語で英語の授業をして、生徒がついていける学校が、実際問題、どれだけあるのでしょうか。

東京都教育委員会は、公立中高校の英語の先生を毎年二〇〇人、英語圏の大学などに短期留学させることを決めました。都立高のＡＬＴも大幅に増員。そのために約一〇億円の予算を計上しましたが、これは財政的に恵まれている東京都だからできることです。

文部科学省は、「東京オリンピック・パラリンピックを見据え、新たな英語教育を展開したい」として、外国語活動の**開始時期を小学三年生に前倒し**し、五年生からは教科に格上げするほか、**中学校の英語でも「授業は英語で行うことを基本とする」方針**です。二〇二〇年の全面実施をめざしていますが、日本人の先生の英語力、英語指導力を強化するのは、それほど簡単なことではないでしょう。

武道の素人が武道を教える怖さ

二〇〇八年の改訂では、新たに**中学校で武道が必修化**されました。

文部科学省は、柔道や剣道をやるための武道場を全国の中学校に整備するために、毎年約四五億円の予算を組んでいます。

教育にかけるお金がない、三五人学級もお金がなくてできないといっていたはずなのに、武道場を整備するお金はあったようです。文部科学省は利権が非常に少ない省庁ですが、ここには利権の臭いがします。

また、武道の必修化で最も危惧《きぐ》されたのが、柔道による死亡事故がほかのスポーツに比べて突出して多いことです。名古屋大学大学院の内田《うちだ》良《りょう》准教授の著書『柔道事故』（河出書房新社）によれば、柔道の次に多いバスケットボールの六・二倍（中学校の部活動／二〇〇一年〜二〇一〇年）にもなります。

柔道において「素人が素人を教える」ことが危険なことは、素人の私でもわかります。

中学校の体育の先生のほとんどが武道の素人です。もちろん武道指導者研修は行われましたが、研修を受ければ指導できるようになるというものではないでしょう。

ここでもしわ寄せは、学校現場の先生にくることになりました。

「ゆとり」と「詰め込み」を行ったり来たり

こうして学習指導要領の改訂の歴史を振り返ってみると、「ゆとり教育」と「詰め込み教育」を行ったり来たりしているのがわかります。

アメリカ型の「ゆとり教育」でスタートしたら、もっと知識を教えろと批判されました。知識を大量に教えたら、落ちこぼれが出て「詰め込み教育」をやめろといわれます。「ゆとり教育」に舵を切っても、教える知識量を減らさなかったために「詰め込み教育」が維持されてしまいました。ようやく教える知識を減らして、自分で考える力を養う「ゆとり教育」が実現できたと思ったら、学力が下がると騒がれて、学力が下がった証拠もないままに「脱ゆとり」に方向転換を迫られる。

まさに場当たり的といいますか、世間の空気によって決められたといいますか……。

しかし、これだけ右往左往しながらも、日本の教育は世界トップレベルを維持しているのですから、長期的な視野に立って一貫した教育政策が行われれば、鬼に金棒なのですが、なかなかそうはなりそうもありません。

国の教育方針は「世論」が決めている

序章でも述べましたが、専門家を集めた組織が継続的に改訂結果のデータを見て、教育カリキュラムを改訂していく必要が、そろそろあるのではないでしょうか。

そして何より、学校現場で子どもたちを教える先生たちの能力や仕事量をもっと考えるべきなのではないでしょうか。

「ゆとりの時間」をつくったときに、ゆとりをなくした先生が多くいたと述べましたが、同じようなことは「総合的な学習の時間」でも繰り返されました。学習指導要領に沿って、教科書に沿って教えることには慣れている先生も、いきなり「自由に創造性を発揮して生徒が考える授業を行ってください」といわれても、それはすぐにはできない。だから困って、文部科学省や教育委員会に参考事例を求めてしまったのです。

先生に任せるにしても、もう少し丁寧なコミュニケーションを通じて、先生たちの能力アップや授業力アップをあらかじめ支援する取り組みが必要でしょう。

「教育は国家百年の大計」ともいわれます。教育の改革には時間がかかるだけに、思いつきの場当たり的な改革ではなく、日本という国のあるべき姿を描き、それに向けて改革を進めていくことが必要なのです。

また、これまで見てきたように、国の教育方針というのは実は世間の空気＝世論が動かしているという側面もあります。そういう意味では、われわれ国民一人ひとりの教育に対する考え方も非常に重要です。これからの時代に必要な「学力」とは何かを考えることなく、安易に「学力低下」という言葉を使うようなことは慎むべきでしょう。

第3章

教科書

—なぜ完成まで六年もかかるの？—

学習指導要領の「解説」って何？

学校で使われる教科書も、安倍政権の「教育再生」で変わろうとしています。

二〇一四年一月、**学習指導要領の「解説」**の一部が改訂されました。

学習指導要領が小中高校で教える内容や各教科の目標を示したものであることは前章で述べましたが、それをさらに細かく説明しているのが学習指導要領「解説」です。

たとえば、**中学の学習指導要領はＡ４判で二四〇ページほどの冊子に全教科分が書かれていますが、その「解説」は中学の社会だけで約一六〇ページもあります**（ページ数はいずれも市販されている冊子のもの）。学習指導要領だけでは抽象的でわかりづらいので、「解説」で意味や教え方などを項目ごとに詳しく説明しているのです（左ページの図を参照）。

「解説」は、文部科学省の職員が専門の大学教授や現場の教師らの力を借りて、半年から一年程度かけつくります。改革の大まかな方針が中央教育審議会（76ページ

■学習指導要領と「解説」の比較

	学習指導要領	学習指導要領「解説」
中学国語	古典には様々な種類の作品があることを知る	和歌、俳諧、物語、随筆、漢文、漢詩など。能、狂言、歌舞伎、古典落語などの古典芸能も含まれる。小学校から親しんだ様々な古典と結びつけ、新たな興味・関心を喚起することが大切

を参照）の委員による会議で方針が決められるのに対し、「解説」は指導要領をもとに省内で作成作業が進められるのです。

これも前章で述べたように、教科書や教科指導は学習指導要領に従うことが決まっています。そのため教科書をつくる出版社はおのずとその「解説」に沿った内容の教科書をつくり、先生もこれに沿って生徒に教えるようになります。

尖閣諸島が教科書に登場する

今回の改訂は中学の社会と高校の地理歴史・公民が対象で、改訂の内容はというと、領土と自然災害に関する部分でした。

注目されたのはもちろん領土に関する改訂です。

中学と高校の地理、歴史、公民のすべての分野で、竹島や尖閣諸島などの領土問題についての記述が加えられ、**竹島と尖閣諸島は「わが国固有の領土」と教え、日本編入の経緯などにも触れる**ことになりました（左ページの図を参照）。

これまでは、尖閣諸島に関する記述はなく、竹島に関しても中学社会の地理の学習指導要領「解説」に、「我が国と韓国の間に竹島をめぐって主張に相違がある」と記述されているだけでした。

今回の改訂は二〇一四年四月に始まる教科書検定から適用され、中学は二〇一六年度、高校は二〇一七年度から改定内容が反映された教科書が使われることになります。

「脱ゆとり」で教科書も二五％増量

学習指導要領が変われば、教科書も変わります。

二〇〇八年の改訂では「脱ゆとり」がめざされ授業時間が増えましたから、教科書のページ数も増えました。

■学習指導要領「解説」の一部改訂で、竹島・尖閣諸島に関する記述はどう変化したか？

<table>
<tr><th></th><th>竹島</th><th>尖閣諸島</th></tr>
<tr><td rowspan="2">地理</td><td>韓国と主張に相違がある（中学のみ。高校は記述なし）</td><td>記述なし</td></tr>
<tr><td>・わが国固有の領土
・韓国によって不法に占拠されている</td><td>・わが国固有の領土
・わが国が有効に支配し、解決すべき領有権問題は存在しない</td></tr>
<tr><td rowspan="2">歴史</td><td colspan="2">記述なし</td></tr>
<tr><td colspan="2">・国際法上正当な根拠にもとづき正式に領土に編入した</td></tr>
<tr><td rowspan="2">公民</td><td colspan="2">記述なし</td></tr>
<tr><td>・固有の領土
・未解決の問題が残っている
・わが国が平和的手段による解決に向けて努力している</td><td>・わが国固有の領土
・解決すべき領有権問題は存在しない</td></tr>
</table>

（上段が改訂前、下段が改訂後）

小学校の教科書で一番増えたのは理科で、約三七％も増えました。次が算数で、約三三％。理数の力を伸ばすことが改訂のポイントだったためです。全教科を平均しても教科書は約二五％も増えました。

その分だけ教科書が分厚くなるかというと、そうはなりませんでした。子どもたちが持ち運びやすいように、新しい教科書用の薄くて強い紙が開発されたので、それほど教科書は分厚くならなかったのです。

では、教科書の記述は具体的にどう変わったのでしょうか。

この改訂により、「さようなら台形君」といわれた、**「（上底＋下底）×高さ÷2」という台形の面積を求める公式も復活しました。**

台形の面積に関する記述は、小学校五年生の算数の教科書に載っています。左ページの図を見てください。上も下も同じ会社の教科書からの抜粋ですが、上が二〇〇二年度、下は二〇一一年度のものです。

二〇〇二年度のほうは「面積の求め方を考えよう」としか書いていません。その先は「自分の頭で考えてごらん」という感じですね。一方、二〇一一年度のほうではあの公式がちゃんと記述されています。

■台形の面積に関する記述は、「脱ゆとり」でどう変わったか？

2002年度

●台形の面積の求め方を考えよう

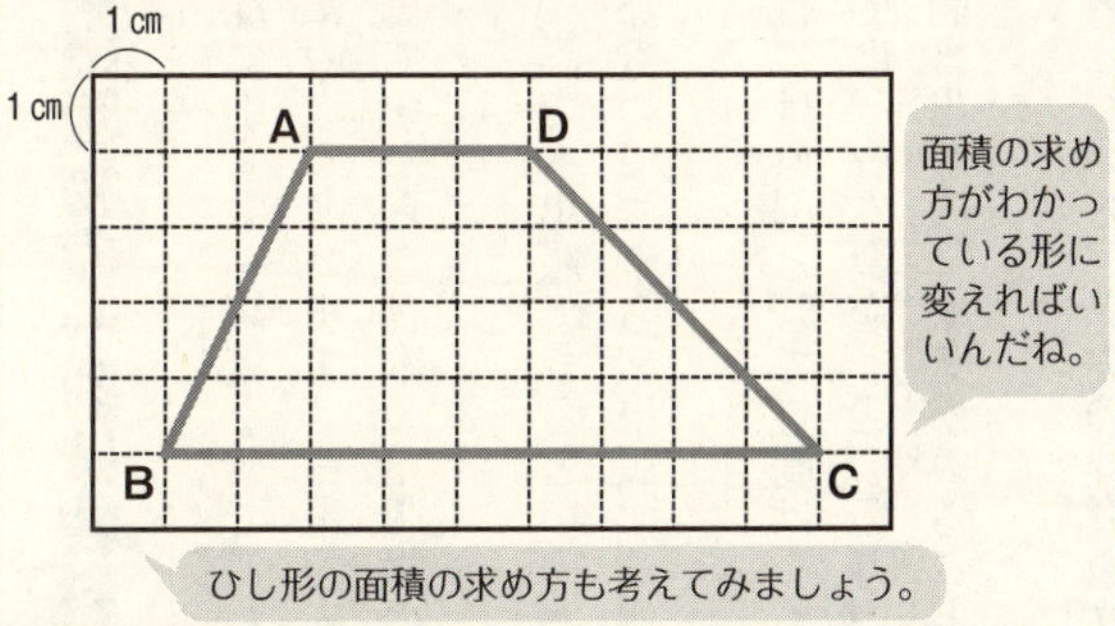
1㎝
1㎝
A
D
B
C
面積の求め方がわかっている形に変えればいいんだね。
ひし形の面積の求め方も考えてみましょう。

2011年度

●台形ＡＢＣＤの面積を、上底や下底の長さ、高さを使って計算で求めましょう。

台形の面積は、次の公式で求められます。

台形の面積＝（上底＋下底）× 高さ ÷２

台形の面積＝平行四辺形の面積 ÷２
ということだね。

※『新しい算数5下』（東京書籍）の2002年度版と2011年度版をもとに作成
（スペースの都合上、原本どおりではありません）

日本の出版物の一割は教科書

二〇一二年度に小・中・高校などで使われた教科書は一〇九四種類で、合計一億三三一八万冊にのぼっています。日本国内で一年間に発売される書籍の発行部数がざっと一三億冊ですから、日本の出版物の一割が教科書という計算になります。大変な量です。

この教科書、誰でも出版できるというわけではありません。子どもたちが毎日学校で使う大事なものですから、出版する側にも、それなりの「資格」が必要だというわけです。

高校の教科書には原則として規制はなく、誰でも出版できますが、義務教育の小中学校については、資本金が一〇〇〇万円以上の出版社で、専門の編集者が五人以上いること、図書出版の経験者がいること、発行に関して不正がないことが条件になっています。

さらに編集者について、過去の経歴を文部科学省に届け出ることになっているのです。

教科書発行会社になると、文部科学省から「発行者番号」をもらいます。教科書の表紙の上部に、小さく「文部科学省検定済教科書」と印刷してあり、出版社の名前の横に数字が書いてあります。これが、この出版社の発行者番号なのです。

内容は文部科学省がチェック

日本の学校では、小学校から高校まで、文部科学省の検定を通った教科書しか使ってはいけないことになっています。内容が間違っていたり、学習指導要領からかけ離れていたりすると困るから、というのがその理由です。

とはいえ、文部科学省が一種類だけつくるような**「国定教科書」**という方法はとっていません。民間の会社が競争しながらつくれば、よりよいものができるだろう、という考え方からです。

教科書を出版したいと考え、文部科学省の審査を受けて発行資格があると見なされた出版社は、学習指導要領にもとづいて原稿を作成し、まずこれを文部科学省に提出します。文部科学省は、誤字脱字がないかをチェックしたあと、その内容について、専門家に見てもらいます。この専門家の集まりを「教科用図書検定調査審議会」といいます。ここには二〇〇人以上の委員がいて（臨時委員、専門委員も含む）、国語や社会など教科ごとに分科会をつくり、専門家の目で見て、内容が教科書にふさわしいかどうかを調べます。

この結果、教科書としてふさわしいと認められれば「検定合格」、そうでなければ「検定不合格」となります。

ただ、実際には「修正してもらったうえで、再度審査しましょう」と言われます。この場合、文部科学省の役人である「教科書調査官」という人が、教科用図書検定調査審議会が出した意見を出版社に伝えます。これを「検定意見」といいます。

検定意見にもとづいて出版社は内容を書き直し、「修正表」を文部科学省に提出します。この内容を審査したうえで、審議会は、合格、不合格を決めるのです。

文部科学省の教科書調査官が伝える検定意見は、当初、口頭で説明していたのですが、「これでは審議会の正式な意見なのか、教科書調査官の個人的な意見なのかはっきりしない」という不満が出て、二〇〇〇年度からは、文書にして伝えることになりました。

教科書検定の仕組みは、戦後何回か変更されています。

安倍首相は、二〇一三年四月に国会で「検定基準に改正教育基本法の精神が生かされていない」と答弁し、検定制度の見直しを示唆。同月に検討を始めた自民党特別部会の提言をもとに、文部科学省は「教科書改革実行プラン」を一一月にまとめました。

今回の改定案のポイントは、社会科（高校は地理歴史と公民）について、「バランスの良い記述」にすること。具体的には、近現代史で通説がない事項はそれを明示、政府見解や最高裁判例がある事項はそれにもとづく記述、結果が未確定の時事的事項は特定の事柄を強調しすぎない、の三点を加える内容になっています。文部科学省は新基準が対象にする具体的事項を明示していませんが、犠牲者数に諸説ある南京事件などが対象になると見られています。

どの教科書を使うか誰が決める?

文部科学省の検定にパスしても、それがすぐに学校で使われるわけではありません。検定を通った教科書のなかから、どの教科書を使うかを決めるのは教育委員会(第7章を参照)です。これを「教科書採択」といいます。

全国に約五八〇カ所の「採択地区」が決められていて、それぞれの地区の市区町村教育委員会が、どの教科書を使うかを決めるのです。

都道府県教育委員会は、校長や先生の代表、学識経験者などを集めて「教科用図書選定審議会」をつくり、そこで検定にパスした教科書を比較検討して選定資料を作成します。それらも参考にして、採択地区の市区町村教育委員会が使う教科書を決めます。現場の先生たちの代表が、教科書を使う立場から調べ、「この教科書がいい」と推薦し、教育委員はこの推薦リストを参考にしながら採択する、というのが一般的な方法です。

私立の学校はそれぞれの学校で教科書を選択しますが、公立の場合、各学校が自由に教科書を選ぶことはできません。教科書無償措置法という法律で、採択地区内では同じ教科書を使うように規定しているためです。

その一方で、地方教育行政法では「各市町村の教育委員会に採択権限がある」としています。この食い違いによって、問題も起こっています。

沖縄県の竹富町《たけとみ》と石垣市、与那国町《よなぐに》でつくる沖縄県八重山《やえやま》地方の採択地区協議会は二〇一一年八月、翌春からの中学公民教科書に育鵬社《いくほう》版を選定しました。これに対し、竹富町の教育委員会は沖縄の米軍基地負担にあまり触れていないなどの理由から、育鵬社版を拒否し、東京書籍版を使用することにしたのです。そのときの自主採択の根拠となったのが地方教育行政法でした。

この食い違いを解消しようと、安倍政権は二〇一四年二月末、複数の市町村で構成する教科書共同採択地区内で、教科書採択に係る協議の手続きを明確にした教科書無償措置法改正案を閣議決定しました（三月二十七日に衆議院を通過）。

今回の改定案には「採択地区協議会の協議の結果にもとづき、同一の教科書を採択する」ことが盛り込まれています。つまり、二〇一五年度の教科書採択で竹富町教委が自主判断で教科書を選定できないように法的な縛りをかける狙いがあると見られています。

『新しい歴史教科書』が大きな議論に

教科書採択をめぐっては、二〇〇一年、全国の教育委員会が大きく揺さぶられました。**「新しい歴史教科書をつくる会」**が編集した中学校用の歴史と公民の教科書が、どれだけ採択されるのか大きな注目を集めたからです。

これらの教科書の内容については「いい本だ」「とんでもない本だ」とさまざまな意見があり、使用する教科書を決める各地の教育委員会の会合には、この教科書の使用推進派と採択反対派が詰めかけ、緊迫した雰囲気に包まれました。結局、採択されたのはごく一部にとどまりましたが、教科書は誰が選ぶのか、どういう基準で選ぶのか、など大きな議論を巻き起こしました。

また、中国や韓国は「日本が戦争中にアジアを侵略したことに反省のない教科書だ」と反発。両国から修正要求が出され、国際問題にまで発展しました。

何種類もの教科書がある日本と違い、中国や韓国では国がつくった一種類の教科書を使っています。そのため、「新しい歴史教科書をつくる会」の教科書が検定で合格したと聞いて、日本の中学生が全員この教科書で勉強するのだと勘違いしてしまった韓国や中国の人たちが大勢いたはずです。

では、文部科学省の検定を通らなかった教科書を、もし学校の授業で使ったら、どうなるでしょうか。

過去には、**文部省の検定で不合格になった本が、「文部省検定不合格の本」と題して一般に売り出されたこともあります。**一般向けに売ることには何の問題もありませんが、学校内で教科書として使うことについては、文部科学省が禁止しています。「内容がふさわしくない」という理由です。もし認めてしまったら、検定制度が崩壊するという危機感があるからでしょう。

ちなみに、新しい歴史教科書をつくる会の『新しい歴史教科書』と『新しい公民教科書』は検定合格後に市販版が扶桑社から発売され、ベストセラーになりました。

教科書ができるまでには六年もかかる

ここでもう一度、教科書ができるまでの流れをおさらいしておきましょう。

まず、中央教育審議会が学習指導要領をまとめます。これには二～三年かかります。次に、各教科書会社が学習指導要領にもとづき、一年くらいかけて教科書を作成。そうしてできあがった教科書の内容を文部科学省がチェックし、検定するかどうかを決めるのにも約一年かかります。

さらに、教科書検定に通った教科書のうち、どの会社の教科書を採択するかを教育委員会が決定するのに、もう一年かかります。

すべての作業にかかった期間を合計すると、約六年にもなります。けっこう時間がかかりますね。**いま子どもたちが使っている教科書というのは、数年前に決定した教育方針をもとにつくられたもの**なのです。

教科書会社が減っていく

先ほど、二〇一二年度に発行された教科書の部数が一億三三一八万冊と書きましたが、これを前の年と比べますと、一四〇万冊も減っています。それだけ子どもの数が減っているからです。一年間に一四〇万冊も減るということは、毎年、小規模の教科書会社一社分の発行部数が消えていく計算になります。

国が買い上げる教科書の値段は低く抑えられ、発行部数が減っていくという厳しい状況から、体力のない出版社が教科書発行をやめるケースが相次いでいます。

たとえば、中学校の国語の教科書を発行している出版社の数は、一九六一年に一七社だったものが、二〇一二年には五社に減っています。音楽では、やはり一九六一年に一一社だったのが、二〇一二年には二社だけになっています。

このように**教科書会社の数が減ってくると、多様な教科書の中から選ぶという日本の教科書制度の根幹を揺るがしかねない**ことになります。二社や三社の教科書のなかからしか選べないのでは、〝国定教科書〟に限りなく近づくからです。

体力のない出版社にとっては厳しい教科書出版ですが、大手にとっては事情が異なります。一冊当たりの値段は低く抑えられていますが、一般の書籍とは違って注文生産です。つくったのに売れずに倉庫に保管するという事態は起こりえません(この本でも起きて欲しくないのですが)。それだけ経費がかかりません。

また、一般の書籍は、売れることで現金が入りますが、教科書の代金は、一部が納品の前に支払われます。その分、出版社にとって資金繰りが楽になります。出版にかかった費用を回収できる部数だけ売れれば、それ以上は、安定した収入源になります。

税金から毎年四〇〇億円払っている

小学校と中学校の教科書は、無料で子どもたちに配られます。これは当然のこととして受け止められていますが、昔からタダだったわけではありません。**私が小学生の頃は、教科書代を払っていました。**

一九六三年、教科書を国が買い上げて児童生徒に無料で配る制度が法律で決まりました。子どもたちはタダでもらった気になっていても、実は国民の税金から毎年約四〇〇億円を払っているのです。

この制度については、以前から、「タダでもらえるから子どもが教科書を大事にしない」という批判が聞かれます。財務省は、大蔵省時代から国の財政が苦しくなるたびに教科書を有料にする案を出してきましたが、反対の声が強く、立ち消えになっています。

教科書を見ると、最後のページ「奥付《おくづけ》」には、定価の欄に「文部科学大臣が認可し官報で告示した定価」と表記してあります。いくらで買い上げるかは文部科学省が決めている、という意味なのです。その値段は、二〇一二年度の場合、**小学校の全教科の一年分が三二九四円、中学校が四七七三円**となっています。

裸のメロスに遠慮した？

文部科学省の検定を受けることから、さまざまな制約がある教科書ですが、著作権については、特例が認められています。著作権法では、作者は作品を勝手に変更されることがない権利を保障されていますが、「学校教育の目的上やむをえない」ときは、教科書会社は、一部を削除したり表現を変えたりすることができるのです。そのことを著作権者に連絡すれば、了承があろうとなかろうと、掲載することができます。もちろん掲載にあたっては、「補償金」を支払うのですが、その金額は、文化庁によって決められています。

私は、国語の教科書で太宰治《だざいおさむ》の『走れメロス』を学んだあと、太宰の作品集で原文を読んだら、最後にメロスの裸の体に若い女性が服をかけるシーンが出てきて驚いたことがあります。教科書には出ていなかったからです。「なんだ、これだけのシーンでも、教科書に掲載するのは遠慮したのか」と子ども心にあきれた記憶があります。

教科書はみんなカラフルに

あなたが学んだ学校の教科書は、どんなものだったでしょうか。最近の小学校の教科書をご覧になったことがありますか。実にカラフルで、イラストやマンガもいっぱいです。なかには、マンガの『ドラえもん』に出てくる**のび太としずかちゃんが全国を見て回るという設定の社会科の教科書まであります。**

ただ、出版社が違っても、同じ学年の同じ教科なら、大きさやページ数など体裁は大変よく似通っています。内容も、文部科学省のチェックを受けていますから、どうしても大同小異という感じになってしまいます。

実は、私も「世界史をわかりやすく学べる教科書をつくりたい」という教科書の出版社から相談を受けたことがあります。いくつかの項目で叩き台をつくり、出版社の人が懇意にしている先生たちのところを回って、意見を聞きました。それを見た先生たちの反応は「わかりやすすぎる」というものだったそうです。

わかりやすすぎると、先生の出番がありません。わかりにくい教科書を使って、先生が解説する。ここに先生の存在価値があります。わかりやすい教科書は、先生方には不評で、「これはちょっと」と敬遠されてしまったのです。

教科書が誰のためにつくられ、誰のために選ばれているかといえば、それはもちろん「子どもたちのため」です。しかし、実際に選んでいるのは先生をはじめとする大人たち。もし、子どもたちが自分で教科書を選ぶようになったら、今とはまた違った教科書がつくられるようになるのではないでしょうか。

教科書会社も株式会社ですから、教科書の採択率を上げなければ商売になりません。極端にいえば、子どものためよりも、先生のための教科書になってしまう面があるということです。「出版社の目はそっちを向いているのか」と、このときわかりました。

教科書「を」教えるのか、教科書「で」教えるのか？

教科書には、「先生用の虎の巻」が存在します。教科書の原文の間に、先生が言うべき内容が赤字で印刷されていたり、教える内容がこと細かに書き込んであったりします。この「虎の巻」を教室に持ち込んで、その内容を読み上げるという授業をしている先生も、残念ながらいるのです。

教科書問題を語るとき、必ず出てくる言葉に、「教科書を教えるのか、教科書で教えるのか」というものがあります。「虎の巻」に頼る先生は、まさに「教科書を教える」タイプです。

アメリカの教科書は、ものすごく分厚いのですが、わかりやすく内容も豊富で読んでおもしろいものになっています。アメリカには、教科書検定制度がありません。出版社がいろいろな工夫をした独自の教科書をつくり、それらのなかから、どれがいいかなと自分が教えやすい教科書を先生が選んでいます。

「教科書を教える」ためにはすぐれているアメリカの教科書。それは、裏を返せば「教科書で教える」ことを先生に期待していないからでもあります。そもそも、アメリカには「教科書をすべて教える」という発想すらありません。ある項目を教えたら、「あとは読んでおきなさい」で済ませる先生も多くいます。先生の能力にバラツキがあるからです。だから、どんな先生が教えても、生徒が自分で教科書を読めばわかるようによくできているのです。

一方、日本の教科書が薄いのは、書かれているのが「最低限これだけは必ず教えて」という骨と皮だけだからです。現場の先生が、授業内容を創意工夫して、子どもたちの興味・関心を引き出すように肉づけしていく「教科書で教える」授業こそが求められているのです。教科書を生かすも殺すも、現場の先生次第ということです。

日本の教科書は、ゆとり教育の進展とともに薄くなってきました。だからといって、教える内容が薄くなってきたわけではないでしょう。ただ、薄い教科書では先生の力量によって授業内容が左右されるのもまた事実です。

本当の意味でのゆとり教育とは、薄い教科書を使うことではなく、詳しく丁寧に説明してある教科書を使うものだと私は思います。教科書を薄くしてしまっては、丁寧な説明は省略され、かえってわかりにくくなったり、論理的なつながりが理解できないまま丸暗記することにつながったりしかねません。

三校に一校は、すでにデジタル教科書がある？

文部科学省は、二〇一三年三月に、全国の公立の小学校、中学校、高校のＩＣＴ（パソコンやインターネットなどの情報通信技術）環境について調査を行いました。それによると、**パソコンは生徒六・五人に一台整備され、高速インターネット（光、ＡＤＳＬ等）の接続率も九八・六％にまで高まっています。**

「電子黒板」のある学校は、全国平均で七四・七％。前年から七八一二台増えて七万二一六八台となっています。「デジタル教科書」、といっても生徒が使う学習者用ではなく先生が使う指導者用のデジタル教科書ですが、この整備率も前年から約一〇％増えて三二・五％にのぼっています。三校に一校は、すでにデジタル教科書があるのですね。まずは先生が、電子黒板やデジタル教科書を使って教えることで指導方法を開発し、指導力を向上させようということでしょう。

今後、デジタル教材の普及にあたって問題になりそうなのは、自治体間の格差です。文部科学省の調査によると、パソコン一台あたりの児童生徒数は鹿児島県が四・五人なのに対し、愛知、埼玉県は八・二人でした。

ただ、ゆくゆくは全国の生徒一人ひとりにタブレット端末を一台ずつ配布して授業を行う――。そんな日が来るのかもしれません。

私は古い人間ですから、紙の本を読まないと頭に入らないような気がするのですが、デジタルネイティブ世代（物ごころついた頃からデジタル機器に親しんできた世代）には、そんな心配は不要なのでしょうか。

第4章

通知表と偏差値

―「五段階相対評価」は過去のもの？―

「通知表に記載ミス」が続発

二〇一三年四月、横浜市教育委員会が、小・中学校の通知表で、一一校四一九人分の記載ミスがあったことを発表しました。その後、さらに調べてみると二九校二〇五人分でも記載ミスがあったことがわかりました。

こうした通知表の記載ミスは、横浜に限ったことではなく全国で報告されています。理由は、文部科学省が進める「校務の情報化」によって学校にもパソコンが導入され、その操作ミスなどがなくならないから。入力を間違えることもあれば、通知表に記載するときに見間違え、写し間違えることもあります。

先生も人間ですからミスをします。こうした「人間はミスをする」ことを前提にした仕組みや情報システムの開発が待たれるところです。

しかし、通知表の記載ミスが全国で続発する最大の理由は、先生が忙しすぎることではないでしょうか。人間は疲れているときほどミスをします。どんなに便利な道具であっても、使うのは人間です。

授業以外の業務が多い、今の先生の仕事ぶりを考えると、今後も通知表の記載ミスはなかなかなくならないのではないかと危惧されます。

五段階評価ではなくなった小学校の通知表

あなたが小学校や中学校時代に受け取った通知表は、どんなものだったでしょうか。「通信簿」「通信箋《せん》」「通知表」「あゆみ」……学校により、時代により、さまざまな名前だったはずです。**通知表の名称や形式は、各学校が独自に決めることになっているからです。**

とはいっても、基本的な要素は、文部科学省がある程度決めています。このため、年代により、「五段階相対評価」だったり、「絶対評価」になったりと変化しています。

今、小学生のお子さんがいるご家庭ならわかるでしょうが、現在、小学校の一年生、二年生では通知表に評点がない学校もあります。「3」とか「4」とかいう、あの点がつかないのです。三年生から六年生までは評点がつきますが、昔のような五段階ではなく、三段階になっています。多くの学校が、「大変よくできました」「よくできました」「もう少しです」などという評価になっているはずです。

単純に「3」「2」「1」という数字の評価をしている学校もあるかもしれません。この場合、「3」は、かつてのような「クラスの平均レベル」という位置づけではなく、「良い成績です」という意味なのです。

このように、通知表の様式がすっかり変化したのも、一九八九年に改訂された学習指導要領で、「新しい学力観」の考え方が導入されてからです。この考え方にもとづき、学力でまだあまり大きな差がつかない小学校の低学年では、無理に点数をつけるのでなく、それぞれの子どもたちの「いいところ」を見てあげようという方針に変わりました。点数をつけて評価するのではなく、「ほめて伸ばそう」という考え方です。

また、従来のように五段階相対評価だと、クラスの誰かに「1」をつけなければなりません。これだと、担任の先生が、「あの子には1をつけておけばいいや」という安易な考えに流れ、「わかるまで教える」努力が足りなくなってしまう恐れがある、と心配する声もありました。

二〇〇二年度からは完全な絶対評価に

私が小学生のときは、五段階相対評価でした。つまり、教科ごとにクラスのなかで、「5」がつくのは上位何%と決められていました。これだと、一生懸命努力してテストの得点を上げても、ほかの子の得点も上がると通知表の評価は「4」のまま、ということが起きてしまい、努力した子の励みにならないという批判がありました。と同時に、本人の努力を十分には評価できないという先生たちの不満もありました。

そこで、小学校一、二年生では評点をつけなくてもよいことにしました。また、三年生から六年生までは三段階の評価にしましたが、単純な「相対評価」はやめました。代わりに、「相対評価の要素を盛り込んだ絶対評価」になりました。といっても、この表現はわかりにくいですね。

「相対評価」とは、あるグループのなかで、子どもの成績がどのあたりにあるかを示す評価のことです。子どもたちは、全員が成績順に並べられます。子どもたちに差をつける方法です。

これに対し「絶対評価」とは、目標にどこまで到達したか、それぞれの子どもの出来具合を見ていきます。もしクラスの全員が理解していれば、全員に「最優秀」の成績がつきます。

では、「相対評価の要素を盛り込んだ絶対評価」とはどういうものなのか。この点について文部省の「指導資料」にはこうありました。

「3段階の表示は3、2、1とし、各教科の目標に照らして、学級又は学年において『普通程度のもの』を2とし、『2より優れた程度のもの』を3、『2よりはなはだしく劣る程度のもの』を1とすることとしている。その際、あらかじめ各段階ごとに一定の比率を定めて機械的に割り振ることのないよう留意する必要がある」(文部省『新しい学力観に立つ教育課程の創造と展開』)

つまり、たとえばクラスの生徒を、成績順に三グループに分けるということをしてはいけないということなのです。子どもの成績は「各教科の目標」に対して、できたかどうかを評価します。このとき、「3」は「2より優れた程度」という表現なのに対して、「1」は「2よりはなはだしく劣る」という表現を使っています。

「1という成績は、よっぽどのことがない限り、あまりつけてはダメ」と言っているわけですね。

こうなると、実際問題としては、「3」や「2」の成績の子どもが多くなり、「1」はめったにいない、ということになります。

私が小学生のときには、五段階相対評価でしたから、教科ごとに、クラスには「1」の成績をとる子どもが必ずいました。本人なりに努力していても、必ず誰かに「1」をつけなければならない仕組みだったのです。しかし、「一定の比率を定めて機械的に割り振る」ことはできなくなりました。子どもたちの成績は、他人と比べるものではなく、目標に対してどれだけ達成できているかを表すものに変わったのです。

さらに、この考え方を進めて、二〇〇二年度からは完全な絶対評価になっています。

中学校でも、小学校と同様に相対評価から、相対評価と絶対評価の併用を経て、二〇〇二年度より絶対評価になりました。五段階評価にするか、十段階評価にするかは、各中学校の校長が決めることになっています。

通知表、指導要録、調査書（内申書）

通知表のことを書いてきましたが、**児童生徒の成績評価を記入するものには、三種類あります。**「通知表」と「指導要録」と「調査書（内申書）」です。

成績評価は、指導要録には「2」や「3」の数字で記入することになっていますが、家庭に渡される通知表になると、「よくできました」「大変よくできました」という表現に変わることになります。そこで、この三種類の違いを確認しておきましょう。

指導要録というのは、学校に備えることが義務づけられている書類です。戦前は「学籍簿《がくせきぼ》」と呼ばれていました。児童生徒一人ひとりの入学卒業月日、出欠日数、学習の状況や行動などを記録しておきます。その学校を卒業したことを証明する書類を発行したりする元の資料になります。

どんな様式にするかは、建て前としては各教育委員会が決めることになっていますが、文部科学省が「参考案」をつくり、これにもとづいてつくられています。

■「指導要録」と「通知表」と「調査書」の特徴

指導要録　→本人や保護者が目にすることはない
児童生徒一人ひとりの入学卒業月日、出欠日数、学習の状況や行動などを記録しておく書類で、外部に対する証明等の際の原簿となるものであり、どこの学校でも必ず作成しなければならない。また、一定期間の保存も義務づけられている。
通知表　→毎学期の終わりに子どもに手渡される
指導要録の内容をもとに、保護者に対して子どもの学校での様子を伝えるためにつくられるもの。どんな内容をどんな形式で伝えるかは各学校の自由に任されており、名称も学校ごとに異なる（例:「通信簿」「あゆみ」など）。また、通知表がない学校も存在する。
調査書（内申書） →高校の入学者選抜の資料として使われる
高校受験の際に入学願書などの必要書類とともに志望校に提出され、合否判定の資料とされる。俗にいう内申書。学力検査で把握できない学力や学力以外の生徒の個性を多面的にとらえるのが目的。特別活動（例：生徒会、部活、学校行事）、行動や性格の特性（例：責任感、思いやり）、出席状況などが記載される。

通知表は、毎学期の終わりに、学校から家庭に渡されるものです。指導要録の内容をもとにしていますが、内容そのままが書き込まれているわけではありません。保護者に対して、子どもの学校での様子を伝えるためにつくられています。どんな内容をどんな形式で伝えるかは、各学校の自由に任されています。だから、「通知表」という名前ではないものもあるのです。

調査書は、一般的には「内申書」と呼ばれることが多いかもしれません。高校の入学試験の資料の一部として使われます。学力試験と調査書のどちらを重視するかなどは、各高校で決めることができるようになっています。調査書の様式は、都道府県の教育委員会によって少しずつ異なっています。

指導要録をめぐって裁判が起きたことも

指導要録は、子どもがその学校を卒業してから二〇年間保管することになっていました。ところが、「自分がどんな評価をされていたのか知りたい」という人が内容の公開を求めたところ、学校はその要求には応じませんでした。すると、本人への「開示（＝見せること）」を認めさせようと裁判に訴えるケースも出ました。

これについては、「自分がどんな評価を受けていたか知ることは当然の権利だ」という考え方と、「将来本人に知られてしまうと思うと、先生が率直な評価がしにくくなる」という学校側の考え方が対立しました。

また、事件を起こした人物が学校時代にどんな成績だったか、指導要録の内容が報道されるということも起きました。

こうした動きを受けて文部省は、一九九二年から指導要録を二つに分けました。「学籍に関する記録」と「指導に関する記録」です。

このうち「学籍に関する記録」は、その子どもが学校にいつ入学し、いつ卒業したか、という「学校の戸籍」の部分で、これは従来どおり二〇年間保管します。

これに対し「指導に関する記録」は、本人の成績や担任の先生の所見《しょけん》などが記入されている部分です。この部分は、保存期間を五年間に短縮しました。五年たったら破棄してしまうのです。この理由について文部省は、「プライバシー保護の観点から」と説明しました。たしかに、学校時代の成績などプライバシーが報道されるとすれば問題があるでしょうが、実際には、その学校を卒業した生徒本人から指導要録の「開示」を求める裁判が起こされたときに、「すでに存在していません」と答えられるようにしたのではないかという見方もあります。

「観点別」に評価する

では、この指導要録では、先生が子どもの成績をどのように評価するのでしょうか。評価は、**「観点別学習状況」**と、それにもとづく**「評定《ひょうてい》」**に分かれます。「観点別学習状況」もまた、「新しい学力観」にもとづいて導入されたものです。各教科の成績は、四つの観点から絶対評価されるようになりました。

「関心・意欲・態度」「思考・判断」「技能・表現」「知識・理解」の四点です。どの教科も、最初に掲げられた観点は「関心・意欲・態度」です。各教科のさまざまな能力を見るのですが、第一に重視するのは、あくまでも、その教科に関する「関心・意欲・態度」なのです。

その教科に対して、強い関心を示し、学ぶ強い意欲を示し、熱心な態度があれば、その子は、今後も自分の力で学習していくことができる力をもっているとして、高く評価しようという考え方です。この考え方が現場に機械的におろされると、「授業中に何回挙手をしたか」を数えてポイントにするなどというケースが出たことは第2章で取り上げましたが、理想は、こういうことだったのです。

この四つの観点については、A、B、Cの三段階で絶対評価することになっています。各教科の目標に対する実現の度合いが、「十分満足できると判断されるもの」をA、「おおむね満足できると判断されるもの」をB、「努力を要すると判断されるもの」をCと評価することになっています。

それまでは、良ければ「+」、悪ければ「-」、特に良くも悪くもなければ空欄にすることになっていましたが、「これでは空欄は良くも悪くもないという評価なのか、単なる記入もれなのかわからない」という批判も出て、必ずA、B、Cで記入することになりました。

こうした観点別の評価をしたうえで、全体の点数が「評定」になります。たとえば、小学校三年生の社会を例にとりますと、「社会的事象への関心・意欲・態度」はA、「社会的な思考・判断」はB、「観察・資料活用の技能・表現」はB、「社会的事象についての知識・理解」はBで、社会という教科についての「評定」は

「2」というように評価するのです。

通知表のつけ方知っていますか？

成績のつけ方の考え方はわかっても、「では、実際にはどうやって点数をつけるのだろう」という疑問がわきますよね。その点について、文部省の知恵袋といわれ、指導要録の規準づくりに参加した東京都立教育研究所所長（当時）の奥田真《おくだしん》丈《じょう》氏（二〇一〇年逝去）の説明を見てみましょう。「関心・意欲・態度」について、次のような評価法を示しています。

「おおむねどの子供も興味を示すとすればこれを普通とする。この場合はB。率先《そっせん》して図書館へ行って資料を集めたり、自分から進んで勉強して友達に刺激を与えたり、あるいは興味を強く示す子にはA。一方、そっぽを向いていて興味を示さないことが目立つ子の場合にはC。これくらいの規準を立てておけば四つの観点別の評価は出来るはずである」（『絶対評価の考え方――新しい学力観と評価観』より）

さらに奥田氏は、社会科を例にとり、「一学期に古墳発掘《こふんはっくつ》の単元で強い興味・関心を示し、図書館で資料を調べたりした子が、三学期の政治経済の単元で興味をまったく示さなかった場合、この子にどんな評価をしたらよいか」という問題提起をしています。そのうえで、「考古学の学習に対する興味・関心が際立《きわだ》っていたことを考えると、その子供が社会的事象に関係する別な単元では、必ず興味・関心を示すはずだ。だから社会的事象に対する関心は強いと判断して、興味・意欲・関心(原文のまま)のところにAと記入していいのである。これが出来るのが担任の教師なのだ」と答えています。

さらに、こんなことも言っています。

「今までは、一回のペーパーテストの結果だけで、この子は社会科はだめだと判断して『だめっ子』を作るおそれがあった。可能性の芽を摘《つ》んでしまっていた。そういうことではなく、(中略)一年間の全体を総合して、また子供の身になって考えて評価する。そのことが可能性を積極的に見いだすことにつながるのである」

どうでしょうか。「新しい学力観」がめざした成績のつけ方のイメージはわかっていただけたと思います。

その後、二〇〇二年に国立教育政策研究所から小・中学校のすべての教科について「評価基準の作成、評価方法の工夫改善のための参考資料」が示されました。また、各都道府県教育委員会の多くが学習評価の手引きを作成したり、研修会を開いたりした結果、現在は観点別評価が先生たちに定着しています。

なお、二〇〇八年の学習指導要領の改訂にともなって、四つの観点は、「関心・意欲・態度」「思考・判断・表現」「技能」「知識・理解」に整理し直されました。技能と一緒だった表現が、思考・判断と一緒になりました。

絶対評価のデメリット

文部科学省は、指導要録と通知表の評定を相対評価から絶対評価に転換するのにともない、二〇〇一年、調査書も絶対評価にすることを検討するように各都道府県教育委員会に通知しました。

これを受け、四六都道府県は二〇〇六年度までに調査書も絶対評価に変更します。ところが、大阪府教育委員会だけは二〇〇二年、「絶対評価の評価基準、評価方法が十分に定着していない実態と、入学者選抜の資料としてのメリット・デメリットを勘案し、当分の間、相対評価を用いる」として、調査書の絶対評価への変更を先送りしたままなのです。

たしかに、**調査書を絶対評価にすると評価が甘い中学校と辛い中学校で、入試の際に不公平になります。**また、どの中学校でも評価が甘くなると、内申点で差がつかず、学力試験の結果で合格・不合格が決まってしまうことになります。

では、絶対評価に変更した都道府県はこうした問題にどう対処しているのでしょうか。

多くの都道府県では、中学三年生のときの成績だけでなく、二年生のときの成績も記載するようになりました。また、評定だけでなく観点別評価を記載している都道府県も多くあります。

東京都と神奈川県は、中学校ごとの評定分布を公表することで、評定の信頼性や客観性を高めようとしていますし、千葉県と熊本県は、評定を補正することで不公平感を解消しようとしています。

大阪府教育委員会もいよいよ絶対評価に転換する方針を固め、最短で二〇一六年度からの実施をめざしています。

偏差値を進路指導に使うようになった意外な理由

高校に入学するためには、調査書の内申点も重要ですが、学力試験も重要になります。事前に自分の実力を知るために模擬試験を受けると、「偏差値」によって合否が判断されます。偏差値は、試験を受けた人たちのなかで、個人がどのくらいの位置にいるのかを示す統計的な概念です。

たとえば、ある人が一〇〇点満点のテストを二回受けて、最初のテストで七〇点をとり、次のテストで八〇点をとったとします。この人は、「成績が伸びている」といえるでしょうか。これだけの材料では、そんなことはいい切れません。二回目のテストがやさしかっただけかもしれないからです。

一回目のテストの受験者全体の平均点が六〇点で、二回目の平均点が八〇点だったとしたら、この人は、一回目に比べてむしろ二回目のほうが「成績が下がった」ことになります。

テストは、そのたびに難易度に差が出ます。その誤差をなくして、なんとか成績を比較できるようにしようと使われるようになったのが偏差値です。

偏差値という概念自体は、昔から統計学のなかにありましたが、これが進路指導に使えることに気づいたのは、元中学校教諭で教育評論家の桑田《くわた》昭三《しょうぞう》さんです。

桑田さんが東京都内の公立中学校の担任をしていた一九五二年のことでした。母子家庭で経済的に苦しい教え子に都立日比谷高校を受験させますが、不合格になるという体験をします。

事前の「志望校判定会議」の席上、成績が学年順位一三位のこの生徒は、進学指導担当の先生から「日比谷高校は無理」と判定されます。桑田さんは、「学年順位が一一位の生徒はＯＫで、一三位の生徒はなぜ無理なのか」と食い下がりますが、先輩の先生から「それは勘です」と言われてしまいます。

これに反発した桑田さんは、「志望校判定会議」の結論に反して、この生徒に日比谷高校を受験させますが、結局、先輩の先生の「勘」が正しいことを思い知らされるのです。

このときの悔しさをもとに、桑田さんは、勘に頼らない、進学指導のための科学的な基準はないものかと数学の専門書を読みふけり、偏差値を見つけ出したのです

（一九五七年に初めて進路指導に活用）。もともと偏差値は、「教え子の受験校選びに適切なアドバイスをしたい」という中学校教師の熱意が発見させたものだったのです。

偏差値はいかにして計算されるか

偏差値の「偏差」とは、全体の平均からどのくらい片寄っているかを示す「片寄りの程度」のことです。簡単にいえば、テストを受けた全員の平均点を五〇とし、最高点を七五程度、最低点を二五程度の数字で表す方法のことです。

そのためには、まず全員の成績から、統計学の理論を使って「標準偏差」を計算して出します。次に、個人の点数から平均点を引きます。この結果がプラスでもマイナスでもかまいません。そのままの数字を「標準偏差」で割り、一〇倍します。これが標準点＝五〇からの片寄り具合を示しますから、これに五〇を足せば、偏差値が出ます。

片寄り具合がプラス一〇だったら、偏差値は六〇になり、片寄り具合がマイナス一〇だったら、偏差値は四〇になります。

■偏差値の算出方法

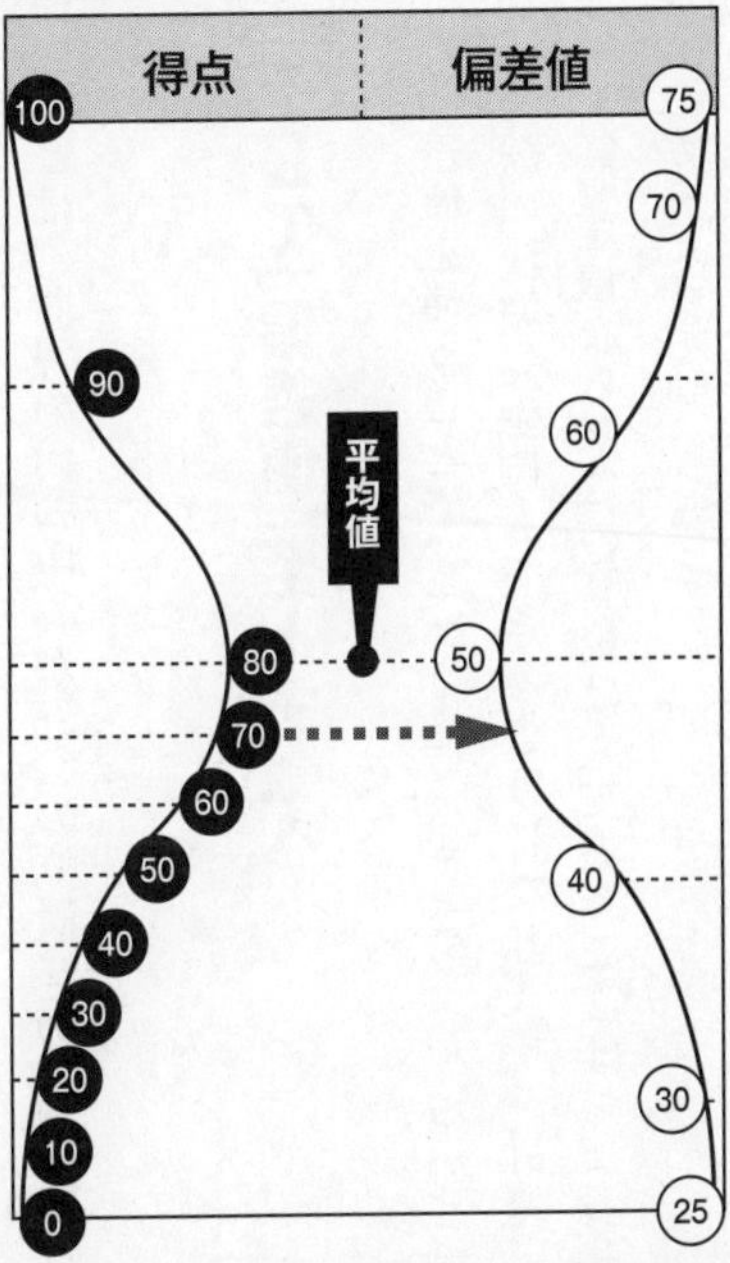

偏差値を出す方法

$$標準偏差=\sqrt{\frac{(個人の得点-平均点)^2の総和}{全受験者数}}$$

$$偏差値=\frac{10\times(個人の得点-平均点)}{標準偏差}+50$$

これをグラフに直してみましょう。試験の得点別の人数を曲線にすると、毎回さまざまな曲線を描きます。これを数学的に処理することで、無理やり「正規分布曲線」にしてしまい、その曲線のなかでの位置を示すというものなのです。「正規分布曲線」とは、曲線の山の中心が五〇の位置にあり、左右対称になだらかな曲線を描くものです。

そして「偏差値」至上主義へ

この偏差値を使うことで、これまでベテランの先生の「勘」に頼っていた進学指導が、経験の浅い先生にもできるようになります。計算で出た偏差値を使って、「君のこの偏差値なら、この高校は大丈夫、ここはちょっと危ない」と言えるようになったからです。

この結果、これまでおおよそのランクづけがされていた高校が、偏差値順に序列化されることになりました。これまで「あそこの学校の校風にあこがれて」進路を決めていた生徒に対して、「君の偏差値なら」という指導が行われるようになったのです。「この子の将来にとって、どの高校がふさわしいか」という意識はどこかに消え、偏差値という数字だけを頼りに指導が行われるようになりました。

まさに偏差値至上主義、偏差値のひとり歩きが始まったのです。

私立高校が偏差値を要求

中学校の現場では、区内や市内、県内全体のなかでの生徒の成績を知るため、業者テストを学校内で受けさせ、偏差値を知るということが、ごく当たり前になりました。これに目をつけたのが私立高校です。

公立高校との競争のなかで、なんとか成績のいい生徒を確保したい**私立高校は、“青田買い”をしていました。つまり、公立高校の入試が始まる前に、「事前相談」を行い、成績によって合格を「確約」する**という仕組みです。私立高校から確約をもらった生徒は形式的にその学校を受験すれば、必ず合格通知をもらえるのです。

このやり方ですと、私立高校側は試験の前に一定の生徒数を確保できます。受験生やその親も、事前に合格が確約されていれば、こんなに安心なことはありません。

しかし、私立高校にしてみれば、本番の入試の前に合否を決めてしまうわけですから、なんらかの〝客観的〟な基準が必要です。中学校の調査書（内申書）では、学校間の格差がありますし、先生が〝手心〟を加えるかもしれません。その点、全県一斉に行われている業者テストの偏差値なら、生徒の成績が〝客観的〟に判断できます。

このため、中学校の進学指導の先生が、生徒の偏差値データをもって高校に事前相談に行き、高校は、自校で決めた偏差値の最低点を上回っていれば、合格を確約するという慣習が、すっかり一般化しました。この事情は都道府県によって違いましたが、特に首都圏の埼玉県では、ごく一般的でした。

もちろん、中学校三年生の全員が確約制度の恩恵をこうむっていたわけではありません。公立高校や私立受験校をめざす生徒は、本番の入試の成績で合否が決まっていました。

埼玉県教育長の爆弾宣言

この慣習を一気にストップさせたのが、埼玉県の竹内克好《たけうちかつよし》教育長（当時）でした。一九九二年一〇月、竹内教育長は、埼玉県内の中学校に対して、業者テストによる生徒の偏差値を高校に提示しないように指示しました。その理由として、正規の入試が形ばかりのものになっていること、二学期までの成績で合否が決定され、中学校教育を完全に行うことができないこと、一部の私立高校だけが抜け駆けして内定し、不公平感があることなどをあげました。

この時点で、埼玉県の業者テストは一社が独占し、県内の全中学校四一六校のうち、一校を除く四一五校が、生徒に業者テストを受けさせていたということです。

高校受験を前にした一〇月という時点での教育長の突然の発言は、現場にとって爆弾宣言でした。偏差値に頼った進学指導をしてきた中学校の先生たちは、どんな指導をすればいいのか途方に暮れたのです。強い反発が起きました。

これを知った当時の鳩山邦夫《はとやまくにお》文部大臣は、埼玉県の方針を断固支持することを発表します。文部省は翌年の二月、中学校で業者テストを利用することを全面的に禁止するように全国に通知しました。通常、教育委員会の判断にゆだねることが多い文部省が、この問題に限っては、きわめて強い態度で臨んだのです。

文部省は、この通知を出す直前に、全国での業者テストの利用状況を調べました。それによると、北海道と長野県、大阪府以外のすべての都府県で、業者テストが利用されていました。この埼玉県のように、業者テストの結果を私立高校に提出していたのは、一四の都県でした。

中学校内から追放されたが

突然の「偏差値」追放は、中学校の現場に混乱をもたらしました。しかしそれは、偏差値というただ一つの数字の物差《ものさ》しだけを使って進学指導してきた中学校の側の安易な姿勢を問うものでもありました。

「入りたい高校より、入れる高校」という指導を中学校自らが行ってきたことに、強い反省をせまるものでした。

「偏差値追放」という文部省の旗印《はたじるし》が正論だっただけに、中学校の側は、真《ま》っ向《こう》から反対できません。反対はできないものの、「再びベテラン教師の勘に頼った進学指導をしろというのか」という反感が残ったのも事実です。

また、中学校で授業中に業者テストを受けるということはなくなりましたが、生徒が日曜日に学校外の会場で業者テストを受け、偏差値を知るというスタイルに変わっただけのことです（市町村などで一斉に実施する「公的テスト」を行う地域も増えています）。この偏差値が進学指導に使われれば、結局は大勢《たいせい》に影響がなかったということになります。

もともと「少しでも生徒のために」と考案された偏差値ですが、ひとり歩きを始めると、たった一つの物差しで子どもを測り、学校のレベルを測るという情けない結果になってしまいました。

高校入試は多様化を経て一本化へ

文部省は、偏差値を追放しただけで終わりという態度はとりませんでした。高校入試を多様化するように、全国の都道府県の教育委員会に指導しました。と同時に、さまざまな高校をつくることで、高校のレベルを偏差値で評価できない状況をつくり出そうとしました。

たとえば「**総合高校**」が、その良い例です。一つの高校のなかにさまざまなコースをつくり、生徒が自由に選択できるようにしました。偏差値による進学指導は、対象になる高校がみんな同じ種類の学校で、同じ選抜方法をとっていることを前提にしていましたから、文部省は、選抜方法を多様化し、学校の種類も多様化することで、「偏差値に頼らない進学指導」になると考えたのです。

また、高校は推薦入試の割合を増やしたり、学力試験を傾斜配点にしたり、学力試験と内申点の比重を変えたりすることで、偏差値至上主義からの脱却をはかりました。

ただ、**推薦入試の拡大には負の面もありました。推薦入試は、一般入試よりも早期に行われ、合否も早く決まります。高校入学が決まった中学三年生は、その後の授業に身が入らず、三学期の授業が成り立たなくなる学校も出ました。**私立高校の〝青田買い〟のときと同じ弊害が指摘されているのです。

また、学力試験のない推薦入試の割合が増えることで、中学生の学力低下が起こっているという懸念もあります。

神奈川県は、二〇一三年度から推薦入試そのものを廃止して、学力試験による本来の入試に一本化しています。推薦入試を廃止にしないまでも、推薦入学の定員を削減して上限を決める都道府県も増えていて、推薦入試減少の傾向は今後もしばらく続きそうです。

そもそも「学力」とはなんだろう？

私たちが、ごく普通に使っている「学力」という言葉。学校の成績が良ければ「学力がある」といういい方をしますね。でも本来は、どんな意味なのでしょうか。文部科学省は、どう考えているのでしょうか。先ほどの指導要録についての「指導資料」をもとにまとめると、三つの「考え方」に大別できるといいます。「可能性を学力と見る考え方」と「習得した能力を学力と見る考え方」、それに「創造性を学力と見る考え方」です。

最初の「可能性が学力」というのは、その子どもが、将来の進路として選んだ分野で、思わぬ力を発揮するかもしれないという考え方です。ですから、「今できないから将来もできないだろう」と決めつけることなく、子ども一人ひとりの可能性に期待し、将来の能力を発揮できる教育環境を整えて、根気強く教育を続けることが大切だと解説しています。

二つ目の「習得した能力が学力」という考え方の場合、誕生したときからのさまざまな経験をすべて学習と見るのか、学校での教育で学んだことに限定するのか、考え方が分かれますが、学校週五日制の導入をきっかけに、家庭や地域社会でのさまざまな体験を通して能力を高めることが期待されていると述べています。

そして、「創造性を学力と見る考え方」です。これまでの教育で知識の量を重視し、知識の詰め込みになる傾向があったことを自己批判しながら、習得した知識を活かして、「未知の世界を切り拓《ひら》き、新しい世界を創造していく創造性」＝「自ら考えたり、判断したりして、よりよく解決したり、実現したりする創造的な資質や能力」が一層重要なものだと力説しています。

全体として、文部科学省としては、三つの「学力観」のうち、最後の「学力観」を、「新しい学力観」として重視していることがうかがえます。

第5章

先生

—少子化なのに教員不足？—

先生たちに広がる「心の病」

「メンタルヘルス」という言葉をよく耳にするようになったのは、いつ頃からだったでしょうか。当初は、企業社会の言葉でしたが、今では学校の先生たちにとっても大きな問題になっています。

文部科学省の調査によると、小学校、中学校、高校の先生約九二万人のうち、精神疾患による休職者がここ数年五〇〇〇人以上いる状態が続いています。率にして約〇・五％です。

一九九三年頃までは〇・一％前後しかいなかったのが、その後徐々に増え、一九九九年に〇・二％になり、二〇〇三年には〇・三四％、二〇〇五年には〇・四五％、二〇〇九年には〇・六％にまで増えました。

一九九九年から二〇〇九年までの一〇年間で三倍に急増したことになります。

年代別に見ると二〇代は少なく、四〇代、五〇代が多いことがわかります。ベテランの先生たちが比較的多く心の病にかかっているのです。

理由としては、やはり業務量の増加があげられます。一九六六年に一カ月あたり平均約八時間だった残業時間は、二〇〇六年には平均約四二時間（平日約三四時間、休日約八時間）と、五倍以上に増えています。

提出しなければならない報告書が増えたために、子どもたちと一緒にいる時間が減り、それゆえに生徒指導が難しくなりストレスになる。まさに悪循環です。

また、昔ほど先生に対して尊敬の念を抱く人がいなくなったからか、保護者とのかかわりでも負担感が増しています。いわゆる**「モンスターペアレント」**が話題になったのは二〇〇八年のことでした。

先生のメンタルヘルス不調に関する調査・分析を行っている文部科学省も、実は先生の残業を増やしている張本人です。学習指導要領の改訂にともなって新しい授業を行うことになるたびに先生たちは大わらわ。新しい授業内容を充実させようとすればするほど、先生の仕事は増えました。

何かあると報告書、報告書というお役所体質も仕事を増やします。たとえば、文部科学省はいじめが問題になると教育委員会に実態を調査するように通知を出します。教育委員会は学校にアンケートや調査票を配ります。これに答えるのが、主にベテランの先生たち。最後にとりまとめて報告書を作成するのが教頭です。**教頭は、こうした報告書づくりなどの机仕事に一週間毎日追われています。**

つくられた報告書が次に活かされているならまだしも、「調査しました」というアリバイづくりに終わってしまっているケースも多々あるのではないでしょうか。前にも述べましたが、最終的なしわ寄せは先生にいきます。それで先生たちのメンタルヘルスに影響が出ているとしたら、なんてかわいそうな先生たちなのでしょう。

フィンランドの先生の仕事は授業のみ

学力の高さで知られる北欧の国フィンランドの先生には、こうした授業以外の業務が一切ありません。授業中に教えることが先生の仕事で、それに専念できます。

日本の場合は、授業が終わっても先生はクラブの顧問として遅くまで学校に残ります。一方、フィンランドの先生は授業が終わったら帰っていいのです。スポーツや音楽などの活動は地域のクラブでやることになっていますし、子どもの問題行動は専門のカウンセラーが対応します。

私がフィンランドの教育現場を取材したときのこと。中学校で、「高校進学などの進路指導はどうするのですか？」

そう聞いたら、驚くべき答えが返ってきました。

「そんな各家庭のプライベートなことに、なぜ学校が口を出さなければならないのか」。絶句しました。先生と親と子の三者面談なども当然ないのです。

もちろん、フィンランドのやり方がすべて参考になるわけではありません。日本には日本のいいところがあります。

しかし、**先生の「授業以外の業務」を減らす努力は、どう考えても必要**なのではないでしょうか。

日本の先生は、フィンランドの先生よりも大変そうですが、そんな先生という職業に就く人は増えているのでしょうか。

先生人気に陰りなし

先生になるには、「教員免許」が必要です。「免許」といっても、医師免許や看護師免許は、専門の教育を受けたうえで、国家試験を受けて合格しなければならないのに対して、教員免許は、大学で「教職課程」の単位をとれば自動的に与えられます。

ただ、**教員免許があればすぐに学校の先生になれるというわけではありません。**都道府県や政令指定都市（大阪市や横浜市のような大都市で、都道府県並みの権限が与えられている市のこと）の教育委員会が実施している採用試験に合格する必要があります。

小学校の教員採用試験を受けた人は、二〇〇四年の五万四四六人から二〇一三年には五万八七〇三人へと増えています。同様に、採用された人は、一万四八三人から一万三六二六人へと増え、全国平均の競争倍率は四・八倍から四・三倍へと、やや下がりました。ここ一〇年で、小学校の先生には、少しなりやすくなっています。

中学校では、この傾向が強まります。二〇〇四年に五万三八七一人だった受験者数は、二〇一三年に六万二九九八人にまで増えました。採用者数は、四五七二人から八三八三人へと大幅に増え、競争倍率は、一一・八倍から七・五倍へと下がりました。

受験する人は小・中学校どちらも増えていますから、先生という職業の人気に陰りはないようです。競争倍率が下がったのは、「団塊ジュニア」の入学にあわせて大量採用された先生たちが定年退職を迎えているため、採用人数を増やしているからです。

少し前の一九九〇年代は、先生になるのは今より「狭き門」でした。子どもの数の減少にともない新規採用を抑制したからです。小学校の競争倍率は、一九九二年に三・二倍だったのが徐々に上がり、二〇〇〇年には一二・五倍にもなりました。同様に、中学校の競争倍率も、五・〇倍から一七・九倍にまで上がったのです。まさに、「教員免許はとったけれど」という状況でした。

このため、教職浪人が当たり前になってしまいました。大学を出てそのまま正規雇用の先生になれる人は少なく、大学在学中に採用試験に合格できないと、大学院に進んだり、非正規雇用の非常勤講師として働いたりしながら、再び試験に挑戦するというケースがごく普通になりました。

また、こうした傾向を受けて、大学の教育学部も変わりました。

大学の教育学部には二種類ある

大学の教育学部には、実は二種類あります。**「教育学」部**と、**「教育」学部**です。といっても何のことかわかりませんよね。具体的には、東京大学教育学部は、「教育学」を学ぶ学部です。ここで「教職課程」の単位をとって学校の先生になる人もいますが、学校の先生を養成するのが主な目的というわけではありません。

これに対し、東京学芸大学教育学部は、先生を養成するのが主な目的です。こういう種類の教育学部のことを、専門的には「教員養成学部」といいます。

旧帝国大学系列の東京大学や北海道大学、京都大学などの教育学部は、「教育学」を研究する学部で、北海道教育大学や京都教育大学にある学部は、先生を養成する学部なのです。

もともと、先生を養成する大学は、戦前は「師範学校」と呼ばれる養成学校で、大学ではありませんでした。第1章で述べたように、戦後、師範学校も大学になりましたが、歴史的な事情から、同じ「教育学部」でも、中身が違っているのです。

「教員養成学部」の教育学部は、教員を養成するのが目的ですから、卒業には教員免許をとることが条件になっていました。ところが、先生になるのが難しくなったことで、「教員免許をとっても先生になれるわけではないのだから」という声が出るようになり、教員免許をとらなくても卒業できるコースが誕生しました。免許がいらないコースという意味で**「ゼロ免コース」**と呼ばれました。

先生を養成するだけではなくなったため、長い間使われていた「教育学部」という名前を変更する大学もありました。一九九八年度には、秋田大学の教育学部が「教育文化学部」に、新潟大学と山梨大学が「教育人間科学部」に名前を変えました。

さらに翌年度には、福井大学と鳥取大学が「教育地域科学部」に、大分大学の教育学部が「教育福祉科学部」に名前を変えました。宮崎大学の教育学部は「教育文化学部」になり、それぞれ、入学定員も削減されました。

「教育学部冬の時代」と呼ばれ、卒業生が、外国人向けの日本語教員や教育カウンセラーなど、先生以外の教育関係の職に就くことができるよう大学が多様化しました。

その後、新潟大学は二〇〇八年に「教育学部」に名前を戻し、鳥取大学は二〇〇四年に地域学部へとさらに名前を変更しています。

教育学部でなくても教員免許はとれる

教員免許には、普通免許、特別免許、臨時免許の三種類があります。ここでは一般的な普通免許をとりあげます。この普通免許は、学歴によって三種類に分かれています。

専修免許状、一種免許状、二種免許状です。大学院の修士課程を卒業した人が専修免許状、大学を卒業した人が一種免許状、短大を卒業した人が二種免許状をとれます。このうち二種免許状では高校の先生にはなれませんが、幼稚園、小学校、中学校の先生になる道は開いています。

教員免許をとるには、教育学部で教職課程の単位をとるのが一般的なコースですが、中学校や高校については、一般大学でも可能です。その大学に教職課程があれば、本来の専門以外に、教職課程の単位も取得すればいいのです。

たとえば、**文学部の英文科に在学していれば、中学校や高校の英語の先生の免許をとることが可能ですし、理学部の数学科だったら、数学の免許がとれる**というわけです。ただし、本来の専門以外の科目をとらなければなりませんから、負担は重くなります。

近年は、「いい先生を養成する」という考え方から、教職課程で学ばなければならない分量が増え、一般大学で教職課程をとる学生の数は減っています。

教職課程でとらなければならない科目は、大きく分けて、「教科に関する科目」と「教職に関する科目」、それに「教育実習」があります。

中学校の英語の先生の免許をとろうと思えば、教科＝英語について勉強するのは当たり前ですが、教育学や教育心理学、生徒指導法などの教職科目も学ばなければならないのです。小学校では、小学校で教える九教科（国語、算数、社会、理科、生活、音楽、図画工作、家庭、体育）を勉強しなければならないのですから大変です。音楽や体育などは当然のことながら実習もあります。

そして、みなさんおなじみの教育実習があります。

教育実習という試練

あなたが小学生や中学生の頃、学校にやってきた教育実習生のお兄さん、お姉さんにあこがれたり、みんなでいじめて泣かしてしまったり、さまざまな思い出をもっているのではないでしょうか。

小学校と中学校の教員免許（一種）をとるためには約四週間（一二〇時間が一般的）、高校の教員免許（一種）をとるためには約二週間（六〇時間が一般的）の教育実習が必要です。

教育実習は、料理学校にたとえれば、食材のカロリー計算や料理法など理論を教わったあと、実際に料理をつくってみることにあたります。教員養成大学ですと、付属小学校や付属中学校がありますから、そこで教育実習をすればいいのですが、一般大学で教職課程をとっている学生は、実習をさせてくれる学校を探さなければなりません。

しかし、「将来何かの役に立つかもしれないから」という理由だけで教員免許をとる学生も多く、こうした学生は、教育実習で評判がいいとは限りません。実習生が教える間、本来の授業のペースが狂ったりすることもあり、現場の先生たちは、教育実習生の受け入れをいやがります。結局、**母校に頼み込んで実習をさせてもらうことが多い**ようです。中学校の場合、受験準備に支障が出るという理由から、原則として実習生に三年生は受け持たせないのが一般的です。

実習は、その学校の指導教員の指導を受けながら授業計画をつくり、実際に授業をしては講評を受けるという繰り返しです。実際にやってみて、想像していたこととはあまりに違って、先生になることを断念する学生もいれば、「先生がんばって」と子どもたちに励まされて先生になる意志を固める学生もいて、まさにさまざまです。

介護の経験が必要に

小・中学校の教員免許をとるためには、教育実習に加え、一九九八年度からは、障害者や高齢者に対する介護の体験が義務づけられました。

これは、父親の田中角栄元総理大臣を介護した経験をもつ田中眞紀子代議士（当時）が、「学校の先生は、弱い者の立場に立って考えられる人間でなければならない」と強く主張し、ほかの議員にも呼びかけて、議員立法（国会議員が法案を議会に提出し、成立をめざすこと）で法律をつくり、導入されたものです。

提案理由で田中代議士は、「いじめの問題など困難な問題を抱える教育の現場で、これから活躍される方々が、高齢者や障害者に対する介護等の体験を自らの原体験としてもち、また、そうした体験を教育の現場に活かしていくことによって、人の心の痛みがわかる人づくり、各人の価値観の相違を認められる心をもった人づくりの実現に資《し》することを期待しております」と説明しています。

介護の体験は七日間です。特別支援学校で二日間と、老人ホームなどの社会福祉施設で五日間が望ましいということになっています。学生にとっては、先生になるための苦労がまた増えたことになりますが、実際に体験した学生からは「人生観が変わった」などという肯定的な反応もありました。

ただ、実習生を引き受ける側は大変です。小・中学校の教員免許取得希望者は全国で毎年約一二万人。これに対し、受け入れ先となる特別支援学校は一〇五九校

（二〇一二年度）。一校につき一一〇人以上を毎年受け入れなければならない計算になります。

また、社会福祉施設は、介護福祉士や看護師などの資格をとる人も実習が義務づけられていますから、受け入れる側の現場はどちらも大変なのです。

教員免許は一〇年ごとの更新制に

以前は生涯有効だった教員免許ですが、**「教員免許更新制度」が二〇〇九年度に導入**されてから、一〇年ごとに三〇時間以上の更新講習を受講して、講習後の認定試験に合格しないと免許が失効することになりました。

更新制度導入のきっかけは、「不適格な先生は辞めさせてほしい」という親たちの声でした。しかし、何をもって不適格と判断するのかは難しい問題です。このため、先生の能力向上に話がすり替わって導入されたという経緯があります。

この**更新講習は、主に夏休み期間に大学で行われています。研修の先生は大学の先生です。この大学の先生、教えるのがうまいとはお世辞にもいえません。**もっぱら先生たちは研修中に日ごろの睡眠不足を解消しているようです。

文部科学省は二〇一三年、教員免許更新制が導入されて五年目に入ったことを受けて、講習内容の見直しや免許が失効した場合の救済措置などの検討を開始しました。近い将来、教員免許更新制自体が「更新」されることは大いに考えられます(二〇一四年三月、教員免許を更新し忘れて失効するケースが相次いでいることから、文部科学省の有識者会議は、現行の紙の免許状を廃止し、新たにICカード型の「教員免許証〈仮称〉」を導入する対策をまとめました)。

大事なことは、先生たちが「定期的に最新の知識技能を身につける」ことです。免許をとってから時代はどんどん変わっていきます。変化に応じた知識やスキルを学んでバージョンアップすることは大切なことでしょう。

余談ですが、それなら同じく「先生」と呼ばれる医者こそ免許更新制度にしてほしいと思っているのは私だけではないはずです。人の命を預かっているから車の免許は更新制だというのなら、これまた医者も同じです。六〇歳になっても、七〇歳になっても二〇代でとった医師免許のまま。更新制度はありません。これは日本医師会に政治力があるからです。日教組が弱くなったから先生の免許は更新制度になったといえるのかもしれません。

この教員免許更新制度は、「不適格な先生は辞めさせてほしい」という先生に対する批判からスタートしています。しかし、現場の先生のがんばりのおかげで、日本の教育が高いレベルをなんとか維持できているのもまた事実です。

先生への期待が高いがゆえに、先生への批判も高まるのでしょうが、もう少し温かい目で見てあげる「ゆとり」が私たちには必要なのかもしれません。

採用者に占める「新卒者」の割合はわずか三割

一般企業は、採用試験に受かれば四月から新入社員になります。先生の場合は、こうはいきません。先生の採用試験は、正式には「教員採用候補者選考試験」といいます。これに合格した人は、翌年度からの教員として採用される「候補者」になったにすぎないのです。

先生を採用する教育委員会は、翌年に退職する先生の数や、児童生徒数の増減、学校の新設・統廃合計画にもとづいて、採用する先生の数の見通しを立て、「採用候補者」として合格させます。そして、欠員が出たところから、採用を決めていくのです。このため、必要な先生の数が予想外に少なかったりすると、「採用候補者」として合格したのに、結局先生になれなかったという人も出ます。「採用候補者」の資格は、合格通知の来た翌年の四月一日から、次の年の三月三一日までです。この間に採用されないと、合格の資格は消えてしまいます。どうしても先生になりたければ、再び受験しなければなりません。

合格しても実際に先生になれない人がいた時代もありましたが、現在はほぼ採用されています。ただ、補欠合格の人は今も採用されないことがあります。

その採用試験は、筆記、実技、面接の三種類が行われます。筆記試験では、一般教養、教職教養、専門教養の試験に加え、小論文もあります。実技ですと、**小学校の先生になるには、水泳で最低でも二五メートル泳げることが条件**となっています。面接では、試験官から質問を受けるだけではなく、試験官を前に、実際に模擬授業をやってみせるという試験を行うところもあります。また、教育委員会の担当者だけでなく、父母代表や地域の企業の人事担当者などが試験官に加わって判断するという例もあります。

なんとかすぐれた先生を採用したいという熱意の表れでしょう。「先生が先生を採用する」というのでは、似たようなタイプばかりになってしまう恐れがあるので、外部の試験官を導入することで、幅広い人材を採用しようという試みなのです。

日本の学校には、受験のための塾や予備校がつきものです。これは教員採用試験でも同じこと。この世界では、模擬試験を実施する専門の会社がありますし、専門の受験雑誌も発行されています。模擬試験で、「あなたの合格可能性は何%」という成績が打ち出されるのです。

一般企業ともう一つ大きく異なるのは、採用者に占める「新卒者」の割合が低いことです。公立学校の場合、その割合は新卒者が約三割、「既卒者」が約七割といわれています。既卒者とは、臨時採用教員や講師経験者、社会人経験者などです。採用者のうち何らかの教職経験のある人は五割強といわれており、**新規採用教員の半数以上は非常勤講師などをしながら採用試験の合格をめざしていた人**なのです。

「文系科目」のほうが競争倍率が高い

教員採用の競争倍率は近年下がっていると述べましたが、それは全国平均のこと。二〇一三年に青森県の小学校の先生に採用されたのは二九人で、競争倍率一七・四倍の「狭き門」でした。鹿児島県一二・七倍、宮崎県一一・四倍、長崎県一〇・八倍と続きます。

小・中学校の先生の定員は、先生の給与の三分の一を国が負担していることもあり、生徒数や学級数に応じて決められています。都道府県や市区町村が独自に増やすこともできますが、どこも財政的に厳しいため実際にはそのままというところが多いのです。

生徒が減っている地方では、学校の統廃合などによって先生の定員も減ります。このため定年退職する先生が増えても新規採用増につながりません。

地方では、先生の人気が高いというのも競争倍率が高い理由でしょう。地元に残りたい人にとって仕事の選択肢はそれほど多くなく、先生、警察官、消防士などの公務員の人気が高いのはこのためです。

中学校の先生は教科ごとの採用ですから、教科によって競争倍率が違います。**競争倍率が高い社会、音楽、保健体育などは一〇倍以上です。逆に競争倍率が低いのは理科、数学。**学校の先生というのは、文系の人に志望者が多く、理数系が少ない傾向が以前からあります。

こうした受験競争を勝ち抜いた人が、今度は学校の先生になって、子どもたちを指導していくのです。受験競争をなくすのがいかに困難か、わかると思います。

首都圏では教員が不足。年代では五〇代が多い

地方で先生になりたくてもなれない人がいる一方、首都圏などは先生不足の傾向が続き、先生の質の低下が心配されています。競争倍率が下がれば、以前なら合格できなかったレベルの人も合格できるようになるからです。

東京都は受験者を一人でも増やすため、仙台、神戸、福岡にも試験会場を設けるだけでなく、**「東京の先生になろう」というパンフレットを作成・配布したり、「東**

■公立小中学校の年代別正規教員数(2012年3月31日)

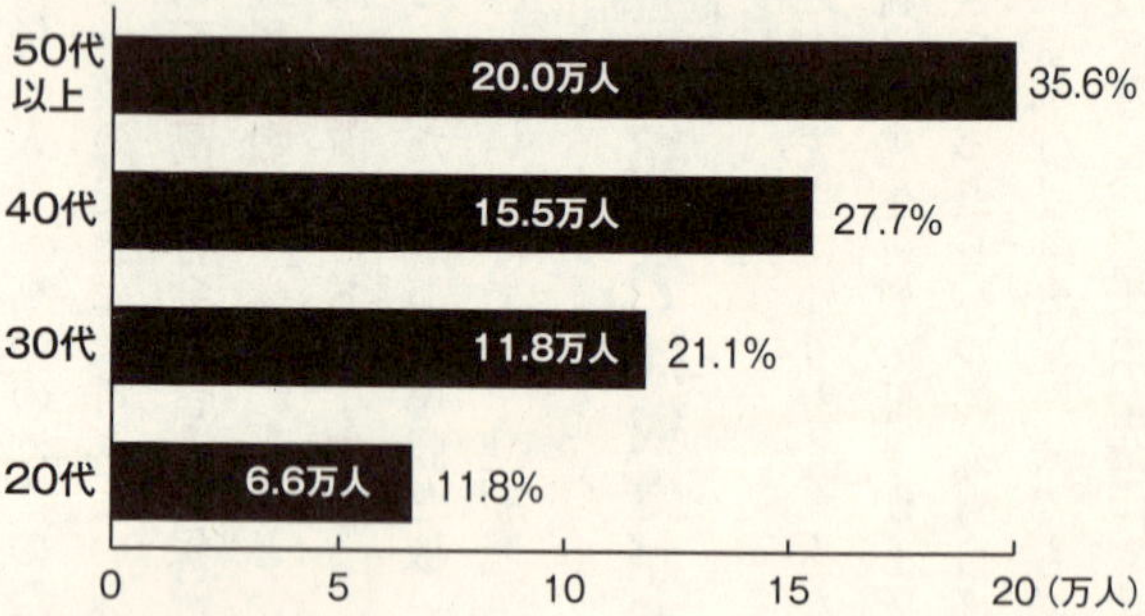

京の学校見学バスツアー」を実施したりしています。

首都圏の先生不足を解消するために、教育委員会の担当者が東北や九州などの地方の大学に行って、「ぜひうちの教員採用試験を受けてください」とお願いするケースは昔もありました。同じことをまた繰り返しています。

先生も一歳ずつ年をとります。突然、高齢化したわけではありません。長期的な視点で人事施策を行っていれば、こういうことにはならなかったと思うのですが……。

これは現在の先生の年齢構成にもいえます。二〇代から五〇代まで均等にいるのが理想でしょうが、実際は五〇代が多く、二〇代、三〇代は少ない。近年、採用を増やしたところでは、経験の浅い二〇代の先生が増えたことが今度は問題になっています。足りなくなったら増やすという近視眼的な発想しかない結果でしょう。

新学期、小学校で新しい学級担任の名前が発表になると、お母さんたちが「今度の先生は当たり」とか、「はずれ」とか言い合う光景が見られます。親や子どもに先生を選ぶことはできません。それだけに、いい先生に教えてもらいたいという期待があり、それが、こうしたお母さんたちの会話になるのです。

経験不足で教え方はあまりうまくないかもしれませんが、体力があって熱心に教えてくれる若い先生のほうが、くたびれた年配の先生よりも、子どもたちにとってはいいのかもしれません。

以前は新人研修なしでいきなり実践だった

さて、「採用候補者試験」に受かり、幸いなことに「採用通知」があったとします。でも、どこの学校で何年生を受け持つかがわかるのは三月になってから。使用する教科書を受け取るのは四月の新学期になってからです。あわただしく学校に赴任すると、ただちに子どもたちに授業をしなければならない……。

一般企業では、「オン・ザ・ジョブ・トレーニング」（ＯＪＴ）といって、実際に仕事をしながら学ぶ研修もありますが、実際に仕事を始める前には、何日か、あるいは何週間かかけて基礎研修を受けるのが普通です。

一方、先生はどうかというと、**以前は採用されていきなり子どもたちを教え始めるようになっていました。これでは先生も大変ですが、未熟な先生に教えられる生徒もいい迷惑です。**

このため今は、新人の先生を研修する「初任者研修」が用意されています。実際にすべての学校で初任者研修が実施されたのは一九九二年度からですから、それまでの学校では、本格的な新人教育は、ほとんどなかったのです。

現在は、一年間の初任者研修が義務づけられています。まず配属された学校でベテランの先生が「指導教員」としてつき、週一〇時間以上、年間三〇〇時間以上の「校内研修」を受けます。

さらに、教育委員会がもっている「教育センター」での講習や福祉施設での体験、青少年教育施設での宿泊研修などで、年間二五日以上の「校外研修」を受けます。企業並か、それ以上に充実した内容になっているのではないでしょうか。

先生の給料はほかの公務員より高め？

「デモシカ先生」という言葉を聞いたことがあるでしょうか？　年配の方ならご存じかもしれませんが、最近ではまったく聞かれなくなりました。これは、「先生にデモなるか」「先生にシカなれない」という言葉からきています。

一九六〇年代の高度経済成長期、高い給料で採用する民間企業が続出し、先生になろうという人が激減したことがあります。特に横浜市や川崎市などでは、先生のなり手がなく、教育委員会の採用担当者が全国を回って受験を呼びかけるということまで行いました。

この頃は、民間企業に採用されなかった学生が、それでは「先生にデモなるか」「先生にシカなれない」とシブシブ教員試験を受けたのです。

このため、「やる気のない先生が増えた。これでは優秀な先生が確保できない」という危機感から、一九七四年、先生の給料を一般公務員より高くする「人材確保

■教員とその他の地方公務員の給料比較（2012年）

	平均年齢	平均給与月額※
全職種	42.7歳	38万826円
高等学校教育職	44.8歳	42万2,397円
小・中学校教育職	43.8歳	40万5,388円

※「平均給与月額」は、平均給料月額と諸手当月額の一部を合計したもの

法」という法律ができました。言葉は悪いですが、お金で人材を集めようとしたのです。

また、先生の残業時間は、いちいち管理職がチェックするわけにいきませんから、一律に給料の四％を残業代として支給しています。「教職調整額」といいます。これに、住居費などを補助する「調整手当」がつきます。さらに六月と一二月に「期末勤勉手当」、つまりボーナスが支給されます。

こうした優遇措置《ゆうぐうそち》の結果、同じ公務員でも、先生はほかの職の公務員より高給取りということになります。

教員免許がなくても校長にはなれる！

学校の先生には女性が目立ちます。二〇一二年度の数字では、**小学校の先生の六二・七％、中学校の先生の四二・三％が女性**です。学校は男女同一賃金ですし、育児休暇制度も確立し、育児休暇が明けても同一条件で復職できることが保障されているからです。

もちろん、今の日本の現状では、まだまだ子育てをしながら働き続けることは大変ですが、民間企業に比べれば条件がいいことは確かです。女性の先生が増えるのにともなって、教頭や校長にも女性の姿が目立つようになってきています。

その校長ですが、実は教員免許がいりません。だから大阪市のように小・中・高校の校長を民間から募集することができるのです。学校というのは閉ざされた世界で、そのなかだけの常識にとらわれてしまう面がありますから、民間人が校長先生になることは悪いことではないでしょう。

私がＮＨＫの記者時代、学校に取材に行って名刺を渡すと、校長はさすがにもっていましたが、**ほとんどの先生は名刺をもっていません**でした。生徒に名刺を渡す必要はありませんからね。それだけ先生は社会の人たちと接する機会が限られているということです。

学校に社会の風を入れるということは大事なことなのではないでしょうか。

夏休みだからといって休めない

学校の先生が一般企業の人と話をしていて、いちばん〝頭に来る〟ことは、「先生には夏休みがあっていいですね」と言われることでしょう。なぜ怒るかって？　それは、一般の人が思っているほどには夏休みがないからなのです。

子どもにとって四〇日ある夏休みが、そのまま先生にもあるわけではありません。都道府県によって異なりますが、**先生に認められている正規の夏休みは、四日程度**なのです。これ以外は、通常の勤務になります。夏休みの臨海学校、林間学校への引率《いんそつ》や、学校でのプール指導などもあって、決してゆっくり休める期間ではありません。この期間に研修などの予定も入ってきます。

ただ、毎日授業があるわけではないので、その点で精神的に楽なことは確かでしょう。また、特に学校での仕事がないときには、校長の許可を得て「自宅研修」をすることが認められています。七月、八月に旅行に出かける先生の姿も見かけます。こんなところが、「先生には夏休みがあっていいですね」という見方になるのでしょう。

進む先生の組合離れ

『NHK週刊こどもニュース』を担当していたとき、出演している子どもたちに、「日教組って知ってる？」と聞いたことがあります。誰も、その言葉すら聞いたことがありませんでした。

私たちが子どもの頃は、第1章で述べた先生のストライキもありました。日教組が具体的にどういうものかは知らなくても、言葉くらいは知っているのが常識でした。

教職課程で教えている大学教授が、「日教組」に関する新聞記事を教材に使ったところ、「ニッキョウグミ」と読んだ学生がいたそうです。学校の先生をめざしている大学生ですらこの状態です。

日教組以外の組合を含めた教職員の団体加入率は、一九六〇年に九一％だったものが、二〇一三年には三八・二％にまで低下しました。特に新採用の教職員について見ますと、八七％から二三・四％にまで下がっています。

文部科学省の調査によると、二〇一三年一〇月一日現在、三八・二％の加入者の内訳は、日本教職員組合（日教組）が二五・三％、全日本教職員組合（全教）が四・八％、日本高等学校教職員組合（日高教右派）が〇・八％、全日本教職員連盟（全日教連）が二・〇％、全国教育管理職員団体協議会（全管協）が〇・四％、その他四・九％となっています。

かつて先生の世界で圧倒的な組織力を誇った日教組は、今や全体の四分の一しかいないのです。新採用の教職員のうち、日教組に加入する人の率は一八・六％にすぎません。

それだけ先生の組合離れが進んでいますが、章の冒頭で述べたように先生はとにかく忙しく、働く環境は悪くなっています。労働者の権利を守るという点に関しての何らかの組織は必要なはずなのですが。

「雪がとけたら何になる？」

小学生の理科のテストで、「雪がとけたら何になるか」という問いに、「春になる」と答えた子どもがいた、という有名なエピソードがあります。先生が期待していた正解は「水になる」でした。この子の答えには、バツがつけられました。

このエピソードを思い出すたびに、「いい先生とは、どんな先生のことだろう」と考えさせられます。科学的知識を問う質問であれば、当然のことながら、「雪がとければ水になる」を正解にしなければなりません。しかし、「雪がとければ春になる」というのも、文学的な真実です。子どもならではの豊かな感性を感じさせます。

といって、「雪がとければ春になる」というのも正解にしていると、きっと授業がなかなか進まないことになるんだろうなあと、つい先生に同情したくもなります。

子どもにとって「いい先生」とは、おそらくこの問題のように、人によって答えが違うものなのだろうと思います。そうなると、「いい先生」への正解などはないのかもしれません。そこで、ここでは、「これがいい先生なのです」などといった安易な解説は慎みます。

ただ、私個人の思いでいえば、子どもの豊かな発想を活かし、思いやりのある子どもを育てられる先生であってほしいと思っています。そのためには、先生自身が感受性豊かであり、他人を思いやる心をもてる人でなければなりません。そのためには、先生たちがゆとりをもてなければなりません。

第6章

いじめと道徳

―教室で何が起きているのか？―

いじめは道徳で防止できるのか

安倍政権の「教育再生実行会議」が最初にとりあげたのが、いじめ問題でした。これは二〇一一年一〇月に滋賀県大津市の中学校で起きたいじめ自殺事件が、二〇一二年になって注目され、大きく報道されたことが大きかったでしょう。二〇一三年六月には、**「いじめ防止対策推進法」**が成立し、同年九月から施行されています。その第一五条には、次のように書かれています。

第一五条　学校の設置者及びその設置する学校は、児童等の豊かな情操と道徳心を培い、心の通う対人交流の能力の素地を養うことがいじめの防止に資することを踏まえ、全ての教育活動を通じた道徳教育及び体験活動等の充実を図らなければならない。

いじめを防止するためには、道徳心を培い、道徳教育を行うことが重要だという内容です。安倍政権は、子どもの規範意識や思いやりを育むため、正式教科ではない小中学校の「道徳の時間」を「特別の教科」に格上げし、検定教科書もつくる方針で検討していて、二〇一五年度からの実施をめざしています。

現在は、正式教科ではないため道徳には教科書がありません、学校では道徳教材の**「心のノート」**や各地の独自教材、民間会社の教材などが使用されています。

「心のノート」とは、道徳教育の充実をめざして文部科学省が約七億円をかけてつくり、二〇〇二年に全国すべての小中学校に配ったもので、二〇一二年の文部科学省の調査では小中学校の八九％で使われていました。

文部科学省は、この「心のノート」を新たに改訂した**「私たちの道徳」**を二〇一四年二月に公表。「心のノート」のときは、その名のとおり生徒が自分で書き込む部分が多かったのですが、改訂後は偉人伝などの読み物が中心になり、ページ数も一・五倍になりました。「私たちの道徳」は二〇一四年四月から小中学校で使われ、検定教科書ができるまでの主教材となります。

道徳を「特別の教科」にするにあたっては、その評価も問題になります。数値評価はせず、「総合的な学習の時間」や「外国語活動」などと同じように記述による

■「私たちの道徳」に登場する主な人物と狙い

学年	人物（敬称略）	教える「道徳」
小学校低学年	二宮金次郎	勉強や仕事をしっかりと
	日野原重明	温かい心・親切
	ファーブル	動植物に優しい心
小学校中学年	澤穂希	粘り強くやり遂げる
	リンカーン	正直に明るい心で
	石川啄木	愛郷心
	小泉八雲	日本の伝統と文化を尊重
小学校高学年	内村航平	努力
	吉田松陰	誠実
	松下幸之助	感謝
	マザー・テレサ	公正、公平な態度
中学校	松井秀喜	強い意志
	山中伸弥	自己の向上
	孔子	寛容
	嘉納治五郎	国際的視野

評価にする方針ですが、評価観点をどうするかはこれから検討されます。でも、**道徳心という「心」を果たして評価できるのでしょうか。**

「修身」という教科があった戦前は、道徳教育に力を入れていました。しかし、それによって人々の道徳心が高まったわけではないことは序章で述べたとおりです。

また、道徳によっていじめがなくなるというのは本当でしょうか。過去のさまざまないじめ事件を見てみると、加害者に「いじめている」自覚がないことも多々あります。自分では「遊び」のつもりが、相手は「いじめられている」と受け取り深刻に悩む。こうした場合に道徳心に訴えることが、どこまでいじめ防止につながるのでしょうか。

この章では、いじめも含めて学校現場で起きてきた子どもたちの問題行動について振り返ってみましょう。

校内暴力を抑えこむために徹底的な管理教育に

一九八〇年前後、中学校の「校内暴力」が大きな社会問題になりました。頭にソりを入れ、ブカブカの学生服を着た男子生徒。髪を染めて、長いスカートを引きずる女子生徒。非行生徒たちがタバコやシンナーを吸ったり、窓ガラスを割ったり、先生に暴力をふるったりと校内で暴れていました。学校に絶望し、身の危険を感じて退職する先生が増えたことも深刻な論議を呼びました。

校内暴力を抑えこむために行われたのが、徹底的な管理教育でした。生徒が先生に暴力をふるう構図が逆転し、先生が生徒に暴力をふるうようになった、というとさすがにいい過ぎかもしれませんが、先生がかなり高圧的になったのは確かです。

校内暴力がようやく沈静化してきた一九八六年に起きたのが、序章でも触れた東京都中野区の中学校のいじめ自殺事件です。私はこのとき、NHK社会部で文部省記者クラブに所属していたので、よく覚えています。これ以後、日本では「いじめ」が問題になり、対策がとられるようになりました。

この事件では、いじめグループによって「葬式ごっこ」が開かれ、「○○君へさようなら」と書かれた色紙に級友が寄せ書きをしました。さらに、担任の先生を含む四人の先生も寄せ書きをしていました。

事件発覚後、担任は自分が寄せ書きをしたことを生徒に口止めしました。この担任は学習塾でアルバイトをしていたことが判明したこともあって諭旨免職になります。校長と四人の先生が減給処分となり、校長と二人の先生は自主退職しました。

この事件後、各地で子どもたちの自殺が相次ぎ、いじめとの因果関係が取り沙汰されました。

こうした事件がいったん報道されると、全国の記者たちは、それまでなら報道しなかったり、扱いが小さかったりした子どもたちの自殺を、全国版で大きく扱うようになります。そうすると、人びとはいじめ自殺事件が急増したかのように受け止めて、問題意識をもちます。それを受けて、記者たちはいじめ自殺事件をさらに積極的にとりあげるようになるのです。

こうした「いじめを苦に自殺」という報道を見て、「自分も遺書を書いて自殺すれば、いじめた連中に復讐できる」と考えた生徒もいたはずです。つまり、**自殺を報道することで、別の少年少女の自殺を誘発してしまう。こうした怖さ・難しさが、いじめ自殺事件の報道にはあります。**「第一波」のときに私はそれを肌で感じました。

その後、報道が落ち着くにつれて、いじめに関連する事件も減り、いじめ問題も沈静化します。

いじめ第二波から「新しい荒れ」へ

いじめの「第二波」がやってきたのは、一九九四年でした。愛知県西尾市の中学校で、二年生の男子生徒が自殺。「いじめられてお金をとられた」という趣旨の遺書が自宅の机に残されていました。

警察が調べた結果、いじめグループは自殺した生徒に何度も暴行を加え、金を要求していました。その額、数十万円。ただ一部メディアでは、一一〇万円にものぼったと報道されました。

これは、いじめの範疇《はんちゅう》を超えた明らかな犯罪行為でした。その卑劣さと、この事件の前後にも、いじめと関係の疑われる自殺事件があったことから、いじめ問題がまた大きく報道されるようになりました。

当時の文部省は、「いじめ緊急対策会議」を設置し、緊急アピールを発表。そのなかで、「いじめがあるのではないかとの問題意識をもって」実態を把握するよう学校に求めました。つまり、「いじめがあるかないか調べる」のではなく、「いじめがあるはずだ」という姿勢で調査するように要求したのです。これは、**事なかれ主義の消極的ないじめ対策から、積極的にいじめをなくし防止しようとする、当時としては画期的な方針転換**でした。

これが功を奏したからか、単にマスコミが大きくとりあげなくなっただけなのか因果関係は不明ですが、その後しばらくは、いじめ問題が社会的に大きな関心を集めることはありませんでした。

代わりに注目されたのが、**「新しい荒れ」**です。一九九八年、栃木県黒磯市(現・那須塩原市)の中学校で、授業に遅れてきた男子生徒を注意した女性教師が、この生徒にナイフで刺されて死亡するという事件が起きました。

学校側は、この生徒を「普通の子」だったと発表しました。何が「普通」なのかはっきりしないという批判も出ましたが、いわゆる「荒れた」生徒ではない子どもが、突然「キレ」て事件を起こしたのです。

この前の年、神戸で児童連続殺傷事件の容疑者として中学生が逮捕されたことで、私たちは驚いたのですが、ついに学校のなかでも事件が起きたことは、大変深刻な事態として受け止められました。

「新しい荒れ」に悩む中学校

「新しい荒れ」の特徴について教育関係者が異口同音に指摘したのは、一見ごく「普通」に見える子どもが、あるとき突然、まったく脈絡《みゃくらく》なく暴れ出したり、暴力をふるったりするという点でした。もちろん、「脈絡なく」と判断するのは先生であって、本人には理由があるのかもしれません。こうした生徒の突然の爆発は**「キレる」**と表現されるようになります。

どうして怒り出したのかがわからず戸惑う大人が理由をたずねると、「ムカついたから」という、これまた意味不明な言葉が返ってきました。大人たちは、ますます困惑するばかりでした。

一九八〇年前後は「番長」中心のグループが暴れた「荒れ」だったのに対し、九〇年代後半からは「普通」の個人が突然暴力をふるう「新しい荒れ」になりました。ある日突然、ささいなきっかけで、日ごろたまっている不満やストレスが爆発したのでしょう。多くの子どもが潜在的にストレスを抱えているので、どの子にも暴発する可能性があるというのも「新しい荒れ」の特徴でした。

ではなぜ、この時期に中学生がストレスフルになったのか。そこには、「新しい学力観」が導入されたことが関係していました。

ストレスが荒れの原因？

私たちの中学生時代にも不満やストレスはありました。中間試験や期末試験はいやなものでしたが、新しい学力観によって、子どもたちに重圧となるのは、定期的な試験だけではなくなりました。毎日の授業でどれだけ手をあげたか、きれいなノートをとっているか、ボランティア活動をやっているか、といったことまで評価されるようになると、四六時中、監視されているようなものです。

自分から進んで生徒会活動をしようと思っても、「あいつは内申書の点数を上げようと立候補したんだろう」とまわりから見られる。それがいやで立候補をあきらめたとか、ボランティア活動をしていたら、「内申書対策」と疑われて悔しい思いをしたとか、そういう証言が数多くありました。

中学三年生になると、急にボランティア活動を始める生徒が増えると聞くと、なんだかいやな気がします。もちろん、「動機はなんであれ、ボランティア活動をすることによって視野が広がり、やさしい心が形成されればいいではないか」という反論もあります。その考え方もよくわかりますが、**日常の行動さえも成績評価の対象になるというのは大変なこと**です。

サラリーマンの世界に置き換えてみるとよくわかります。日ごろの仕事への態度で給料やボーナスの額が決まり、その態度を評価するのは、すぐ近くにいる上司です。遅くまで残業をしてがんばっているフリをしたり、上司にゴマをすったりする同僚も出てくることでしょう。

それでもサラリーマンは、帰宅途中に飲み屋に寄って、上司の悪口をサカナに酒を飲むというストレス解消の手段があります。中学生には、そんな手もありません。むしろ、学校から帰宅したら、すぐに塾通い。しかも夜遅くまでという状況が一般的です。

これでは、日ごろの生活に逃げ場がありません。ストレスがたまるばかりです。

こうした状況が、「新しい荒れ」の原因の一つになったと指摘する教師が多くいたのです。

そして小学校は「学級崩壊」

中学校で「新しい荒れ」が問題になり始めた一九九〇年代後半、小学校では「学級崩壊」が広がっていました。クラスとしてのまとまりがなくなり、授業が成り立たなくなったのです。

この現象については、「昔だって力のない先生のクラスは、授業が成立しないことがあったよ」と、ことさらに学級崩壊という表現をすることに懐疑的な人もいました。しかし、実際には新人教師だけでなく、ベテラン教師のクラスでも学級崩壊は起きていました。まわりから「実力がある先生」と評価されていた人のクラスで、突然、授業が成立しなくなり、心労に耐えかねた教師が休職するケースもあったのです。

学級崩壊というおどろおどろしいネーミングがひとり歩きした感もありますが、

学級崩壊とは、一般的には「学習の日常的な生活や学習機能がマヒし、あるいは解体した状態」と定義されました。

低学年と高学年で違う崩壊パターン

学級崩壊は、小学校低学年と高学年では様相が違いました。

低学年の場合には、そもそもクラスという一つのまとまりのなかで集団生活を送ることができない子どもが増えました。教室では、授業中は机に向かって座り、先生の話を聞くものだという基本的なことが理解できない子が増えたのです。

また、机に向かって座るという行動自体ができない子もいました。このため、授業中に教室内を歩きまわる子、床に寝そべったり、奇声を発したりする子もいました。授業中に隣の席の子とケンカを始める子もいました。

異常に先生に甘え、先生が常に自分一人を相手にしていてくれないと、「先生に嫌われた」と思い込んですぐにパニック状態になる子や、女の先生に向かって「クソババー」と言い放つ子どもたち。

家庭で過保護だったり、反対にまったくの放任で「親に愛されている」という実感をもつことができなかったり。こうした家庭での愛情不足やしつけの欠如といった、現代の「家庭崩壊」がそのまま教室に持ち込まれたのです。

基本的な生活習慣を身につけないまま学校に入学してきた子どもたちの集団を前に、たった一人の担任の先生が立ちつくしてしまうのも無理からぬことでした。

こうした低学年の学級崩壊の様子に対し、**高学年では、〝先生いじめ〟**の様相を見せることが多いと専門家は指摘しました。授業が始まっても先生の指示を無視して机の上に教科書を出さない。先生が配った印刷物を破る。授業中にお菓子を食べる。勝手に教室から出ていく。こうした行動をとることで、授業を成立させませんでした。

困惑する先生の姿を見て喜ぶ子ども。先生に反抗しないといじめの対象になるため、仕方なしに多数に同調する子ども。ある特定の子どもを対象にいじめ、いじめに加わらない子もいじめにあうという「いじめの構造」が、担任の先生に向けられたのです。

はじめはごく少数の子どもによる身勝手な行動が、いつしかクラス全体に広がり、なんとか収拾しようとする先生をあざ笑うという形をとることもありました。いつもイライラしてストレスのたまっている子どもたちによる攻撃的な行為が特徴です。ここまで来ると、中学校での「新しい荒れ」の前段階の様相を見せていたことがわかります。

こうした学級崩壊の広がりは、**四〇人の集団をたった一人の学級担任が担当し、一方的に教えるという旧来のスタイルが、もはや限界に達した**と思わざるをえません（この論点については第10章でも詳しく述べていますので、そちらも参照ください）。

「不登校」も社会問題化

もう一つ大きな社会問題となったのが**「不登校」**です。

当初は、「登校拒否」と呼ばれていたのですが、登校拒否では生徒の側に問題があるというニュアンスが強すぎるとして、次第に不登校という用語が使われるようになりました。言葉の使い方が変化するように、取り組みの考え方も変わりました。

先生や級友が毎朝迎えに行き、無理やり学校に引っ張ってくるという取り組みがありましたが、むしろ逆効果だという専門家からの指摘を受け、無理強いしなくなりました。

学校に行かない生徒のための**フリースクール**も各地にでき、文部省も「一定の条件を満たすフリースクールに行けば、本来の学校への出席日数として計算していい」という柔軟な方針に変わりました。

それでも不登校の子どもたちは増え続けました。調査を開始した一九九一年度、全国の小・中学校で六万六八一七人だったのが、ピークの二〇〇一年度には一三万八七二二人と二倍以上にまで増えたのです。

この場合の不登校とは、文部科学省の定義によれば、「病気や経済的理由を除き、何らかの心理的、社会的な背景や複合的な要因により登校しない、あるいはしたくともできない状況にある者」のことで、年間三〇日以上学校を欠席した者のことをいいます。三〇日未満の子は統計に入っていません。学校まで行くけれど授業には出られず、保健室にいるという**「保健室登校」**も、ここには入っていません。

荒れも学級崩壊もなくなっていない

「新しい荒れ」「学級崩壊」「不登校」といった言葉は、最近はあまりメディアでとりあげることはなくなりました。しかし、学校からなくなったわけではありません。突然キレる子どもは今もいます。

文部省（現・文部科学省）は、一九九七年度から全国の公立小・中・高校の学校内の暴力行為発生件数を調べています。一九九七年度には二万三六二一件だったのが、一九九八年度は二五・六％も増えて二万九六七一件になりました。一九九九年度は四・七％増えて三万一〇五五件。ピークに達した二〇〇〇年度はさらに一一・四％増えて三万四五九五件にのぼりました。

その後は少しずつ減りましたが、三万件前後で推移しました。調査対象が国私立にも広げられた二〇〇六年度からは四万件を超え、二〇一二年度まで五万件台で推移しています。

この数字を見る限り、学校内の暴力行為は現在まで減っていないことがわかります。

小学校低学年の学級崩壊は、「小一プロブレム」(308ページ参照)と名前を変えて、現在も同様の問題が存在します。高学年においても学級崩壊がなくなったわけではありません。

不登校も人数は減ってきているとはいえ、二〇一一年度でも一一万七四五八人もいます。全生徒中の不登校生徒の割合を見ると、ピークの二〇〇一年度が一・二三%、二〇一一年度が一・一二%です。わずか一割しか減っていないことがわかります。

第三波で「いじめの定義」が変更に

「新しい荒れ」「学級崩壊」「不登校」がなくならないなか、二〇〇五年、北海道滝川市の小学校で六年生の女子生徒が、いじめを苦に首つり自殺しました。一命はとりとめましたが、回復することなく翌年一月に亡くなりました。

滝川市教育委員会は調査を行いましたが、「いじめはなかった」と結論づけました。

これに対して、遺族が新聞社に遺書を公開。これが報じられると、教育委員会は一転して遺族に謝罪しますが、その一方で、報道機関に対しては「あれは遺書ではなく手紙」と説明します。これらの対応が強く批判され、滝川市教育委員会の教育長は辞職し、不適切な対応をした幹部二人も更迭され、停職処分を受けました。

さらに二〇〇六年、福岡県筑前町の中学校で二年生の男子生徒が自殺しました。学校は当初、いじめを否定しましたが、調べるうちに一年のときの担任で学年主任でもあった先生がいじめに加担していたことがわかりました。

この先生は、自殺した生徒以外にも暴言を吐いていたにもかかわらず、学校側は「そうした発言はなかった」としたかと思うと、その後「あった」とするなど発表内容が二転三転しました。

教育委員会や学校の隠蔽《いんぺい》体質、消極的でいいかげんな対応が批判されました。このときが、いじめの「第三波」です。

文部科学省は、毎年実施している「児童生徒の問題行動等生徒指導上の諸問題に関する調査」における「いじめの定義」を、二〇〇六年度より次のように変更しました。

個々の行為が「いじめ」に当たるか否かの判断は、表面的・形式的に行うことなく、いじめられた児童生徒の立場に立って行うものとする。

「いじめ」とは、「当該児童生徒が、一定の人間関係のある者から、心理的・物理的な攻撃を受けたことにより、精神的な苦痛を感じているもの」とする。なお、起こった場所は学校の内外を問わない。

それまで、いじめは、「①自分より弱い者に対して一方的に、②身体的・心理的な攻撃を継続的に加え、③相手が深刻な苦痛を感じているもの」とされていました。

いじめをあまり認めたくない側からすると、これら三つの条件が一つでも満たされていなければ、それはいじめではないと判断することができました。

これら三条件がなくなったことで、いじめをより早く、積極的に把握できるようになったのです。

「発生件数」から「認知件数」へ

同時に、文部科学省は、いじめの「発生件数」という表現から、「認知件数」と呼ぶように変更しました。いじめの「発生件数」というと、発生した件数すべてのように思いますが、実際には気づいていないいじめもあります。いじめ対策に消極的な都道府県ほど、いじめの発生件数が少ないという傾向がありました。「認知件数」であれば、認知した件数という意味ですから、暗に、認知できなかった件数があることも伝わります。認知件数が多いということは、それだけ積極的にいじめ対策を行っているという前向きの評価をすることにもつながります。

二〇一二年度のいじめの認知件数は、前年の二・八倍、一九万八一〇八件と過去最高になりました。これに対して文部科学省は、「いじめが急に増えたのではなく、早期に発見しようという教員の意識が高まったためではないか」と述べています。

つまり、いじめ対策をより積極的に推進しようとした結果、いじめの認知件数が増えたということなのです。

二〇一二年度のいじめの認知件数が急増したのは、二〇一一年に大津市のいじめ自殺事件が起き、それが大きく報道されたからでしょう。これがいじめの「第四波」です。この章の冒頭でも述べたように、大きな社会問題となり、ついには「いじめ防止対策推進法」の成立にもつながりました。

「学校裏サイト（学校の生徒または卒業生が、学校の公式サイトとは別に立ち上げた非公式のサイトのこと）」やブログ、SNS（ソーシャル・ネットワーキング・サービス）、Eメールなどを使った**「ネットいじめ」**が増えているのも最近の特徴です。

二〇一一年度、二九九二件だった「パソコンや携帯電話で誹謗中傷や嫌なことをされる」件数は、二〇一二年度には七八五五件と二・六倍に増えました。

いじめの認知件数全体が二・八倍ですから、それよりも低い増加になっていますが、それは「認知しにくい」からではないでしょうか。インターネット上では匿名性が高まり、パスワードなどで密室性も高まります。先生や保護者から見えにくい、わかりにくいという特徴があるのです。

校内暴力が激しかった時代は、誰が荒れるか、どう荒れるかはわかりやすかったともいえます。それが徐々にわかりづらくなり、ネットいじめにいたっては、事件化するか、ネットパトロールなどを積極的に行わない限り認知できなくなっているのです。

いじめ問題は先進国共通の悩み

こうして一九八〇年前後から三〇年以上を振り返ってみると、さまざまな問題が学校現場で起きたことがわかります。ここで触れたのは、そのほんの一部にすぎず、実際に対応してきた先生たちの苦労は想像を超えるものだったことでしょう。

もちろん、一九八〇年以前にも同じような問題は多々ありました。私が小学生の頃にもクラスに一人や二人は授業中に教室を歩きまわる生徒がいましたし、先生をからかったり、先生に逆らったりする生徒もいました。番長を中心とした不良グループもいれば、程度の差こそあれ、いじめもあったのです。

なかったのは名前です。「校内暴力」「新しい荒れ」「学級崩壊」といったネーミングによって社会問題化します。しかし、重要なのは社会問題化したから対応するといった場当たり的な対処ではなく、学校現場では常にそうした問題があることを前提に、それらに適切に取り組み続ける姿勢なのではないでしょうか。私たちも**マスコミ報道があると「いじめが急激に増えた」と思いがちですが、いじめは常に起こっているものという認識をもつことが大切**です。

また、学校で問題が次々に起きるのは、日本だけのことではありません。世界中どの国を見ても、何の問題行動も起こさない生徒ばかりなどという理想の国はないのです。

たとえば、イギリスでもネットいじめが問題になりました。二〇一三年、イギリス中部で一四歳の少女がＳＮＳでのいじめを苦に自殺しました。匿名で交流できるこのサイト利用者には、書き込みを苦に自殺した人がすでに三人いました。イギリスのキャメロン首相がこのサイトを利用しないように国民に呼びかけたほどです。

アメリカでもいじめは深刻な問題になっています。多民族国家なだけに、特定の人種に対するいじめがなくならず、最近はネットいじめも増えているといいます。

アメリカの教育政策は、連邦政府ではなく各州が独自に決めるのですが、全米五〇州のうちモンタナ州を除く四九州が「いじめ対策法」を制定しています。モンタナ州も、州法はないものの、州政府がいじめ対策の方針を定めています。

フランスは人権問題として対処

一方、フランスはいじめを人権問題としてとらえ対処しています。さすがは、フランス革命を起こした人権大国です。

人権とは、自分の権利であるとともに、他人の権利でもあります。自分が他人にされたことに「いやだ」と主張できるように、他人にも自分がしたことに対して「いやだ」という権利があります。つまり、相手がいやだと思うことをするのは、人権侵害になると教えているのです。

また、「CPE」と呼ばれる生徒の生活指導専門官が各中学校に配置されているのも特徴です。

それ以外にも、地域の主婦や学生がパートタイムで、子どもたちの「監視員」を受け持っています。昔からお互い顔見知りであることも多く、子どもたちに近い存在で、先生よりも気軽に相談できる相手だそうです。この監視員が、いじめやケンカを発見することも多いといいます。

「自分の人権も、他人の人権も大切」ということを教え、大人の目でいじめを早期発見する。あるいは、大人が存在感を示すことによって、いじめの相談を受ける。いざ問題が起きれば、すぐに専門家が対処に乗り出す。フランスでは、そうした対策がとられています。

一方、日本では主に道徳教育の充実によって、いじめ防止をはかろうとしています。フランスのほうが、いじめ対策がすぐれているなどというつもりはありません。フランスの真似をして人権教育を日本が行ってもなかなか浸透《しんとう》しないでしょう。それぞれのお国柄にあった方法を、それぞれの国が模索していくしかないのだと思いますが、「道徳教育をすれば大丈夫」という発想は安易なのかもしれません。

「先生がもっとがんばれ」では解決しない

ただ一つたしかにいえることは、日本の教育においては、いじめ対策にしても学

力向上への取り組みにしても、現場の教員のがんばりに期待する、という内容がこれまでは多すぎたことです。大切なのは、精神論で「みんながんばれ」というだけでなく、人員を増やしたり、使い勝手のいい制度に柔軟に変更したりすることで現場の充実をはかることです。

文部科学省は、生徒に対するカウンセリングや先生、保護者への助言・援助を専門家として行う**「スクールカウンセラー」**を、二〇一三年度には全公立中学校と約七割の公立小学校に配置しました。また、「いじめ防止対策推進法」では、学校に心理や福祉など外部の専門家も加わった常設の組織を置いて、子どもの変化を見逃さないようアンテナを高くする、必要に応じて警察などの外部機関と連携するなど早期の対処をする、としています。

いじめ対策はマニュアルをつくれば大丈夫というものではありません。子どもたちの変化に応じて、学校や教育委員会の対応も柔軟に変わっていくことが求められています。

第7章

教育委員会と文部科学省

—いったい何をしているの？—

大津いじめ自殺事件で、教育委員会に批判が集まる

子どもが通っている学校の教育方針に納得できなかったり、先生が何か問題を起こしたりしたときに登場するのが、教育委員会です。「教育委員会にいいつけるぞ」などという形で使われることもありますね。何だか学校の先生にとってはこわい存在のようでもあるのですが、私たちにはなかなかピンとこない組織です。

その教育委員会に批判が集まったのが、滋賀県大津市のいじめ自殺事件のときでした。

二〇一一年一〇月、大津市の市立中学校で、いじめを受けていた男子生徒が飛び降り自殺しました。翌年二月、被害者の両親が加害者とされる同級生三人とその保護者、ならびに大津市に損害賠償を求め訴訟を起こしました。そして同年七月、大津市教育委員会が公表していなかったアンケート内容の一部（「自殺の練習をさせられていた」ことなど）が明らかになり、それがきっかけでメディアが連日大きく報道をするようになります。

当初、学校と教育委員会は、「誰もがいじめの実態に気づいていなかった」と釈明をしました。しかしその後、担任教諭らがいじめの存在を事前に把握しており、対応を検討していたことが明らかになります。

大津市の教育委員会も、事件直後に全校生徒対象のアンケートを実施し、「いじめがあった」との証言を多数得ていたにもかかわらず、「真偽が確認できない」として一部しか結果の公表をせず、自殺との因果関係もなかなか認めようとしませんでした。さらに、教育委員のほとんどが多忙を理由に記者会見に出席せず、その隠蔽体質と無責任で不誠実な対応が世論の大きな批判を浴びることになります。

教育委員会への批判が厳しくなるなか、二〇一二年七月、滋賀県警が教育委員会と中学校に対して強制捜査を行います。こうした事件の場合、警察が教育委員会や学校から任意で資料の提供を受けるのが普通で、このような強制捜査は異例のことです。実は、被害者の両親は事件後三度も大津警察署に被害届を提出しようとしましたが、受理してもらえていませんでした。世論が県警を動かしたといえるでしょう。

一方、教育委員会の対応が後手に回り続けることにしびれを切らした大津市長は、事件の真相を調べるため、外部の有識者による第三者委員会を発足させます。教育評論家の「尾木ママ」こと尾木直樹氏が被害者の遺族からの要請で委員に就任しました。

同委員会は独自調査の結果、「自殺の直接の原因は同級生らによるいじめである」との結論を二〇一三年一月に公表し、大津市教育委員会の「家庭環境も自殺の原因だった」という主張については、「自死の要因と認められなかった」と否定しました。

教育委員会制度の見直しを求める声が高まる

大津市のいじめ自殺事件をきっかけに、「学校を指導する立場の教育委員会が機能せず、形骸化している。責任の所在もあいまいだ」として、教育委員会制度の抜本的な見直しを求める声が高まりました。

こうした動きを受け、安倍政権の教育再生実行会議が見直しの方向性を議論。続いて、文部科学省の中央教育審議会が具体案を議論し、二〇一三年末に答申案をまとめました。

さらにこの答申案をもとに、与党である自民党が改革案を作成。安倍総理もこれを了承し、公明党と調整した結果、地方教育行政法の改正案が二〇一四年四月四日、国会に提出されました。

今回の改革案の狙いは、教育委員会の権限を自治体の首長に移して政治主導の教育行政に変えるというもので、「実現すれば戦後教育の大転換になる」という声もあります。これが本当に狙いどおりになるのか、はたまた仮に狙いどおりになったとして日本の教育を良くすることにつながるのか、私たちはしっかりと今後も改革の行方を見ていく必要があります。

その改革の中身を正しく理解するためにも、まずこれまでの制度の仕組みや問題点などを見てみましょう。

教育委員はジジババ世代

教育委員会は、全国四七都道府県の全部にあるとともに、全市区町村にもあります。これは、それぞれの地方自治体が抱える教育問題は、それぞれが取り組んで、それぞれで解決してもらおうという考え方からです。地方自治、地方分権の考え方にもとづいています。

小・中・高校の先生の採用は、都道府県や政令指定都市の教育委員会が行いますが、小・中学校の日常のことについては、市区町村の教育委員会が担当します。

教育委員会は、五人の「教育委員」（条例で都道府県・市は六人以上、町村は三人以上にすることもできる）と、この教育委員を支える事務局で成り立っています。教育委員のなかから互選で**「教育委員長」**が選ばれます。教育委員会の代表です。

また、五人のうち一人は地方自治体の職員で、事務局のトップに当たる**「教育長」**を務めます。教育委員長と教育長という、よく似た名前の役職であるため、大変紛らわしいのですが、この二つは別のもので、兼任することができません。

教育委員は、その地域に住んでいて、「人格が高潔で、教育や学術・文化に識見を有する者」を、都道府県なら知事が、市区町村なら市区町村長が選び、議会の同意を得て任命する仕組みになっています。任期は四年で再任することもできます。

また、委員のなかに一人は保護者の代表が含まれる必要があります。

教育長以外の四人の教育委員は非常勤ですから、ふだんは本業の仕事をしていて、月一〜二回の定例会議などに出席します。**毎月の報酬は、都道府県で約二〇万円、政令指定都市や東京二三区ではそれを上回る二四万円前後**ですが、それ以外の市では六万円、町村では三万円ほどです（教育長は自治体職員なので、この金額ではありません）。

それにしても、「人格が高潔で、教育や学術・文化に識見を有する者」なんて、すごい表現です。それだけ大事な仕事を担当するということなのです。でも、そんな人、そんなに大勢いるのでしょうか。

具体的にどんな人が教育委員に選ばれているのでしょう。**多くは地域団体の長や地元企業の経営者、大学教授、ＰＴＡ役員経験者といった「地元の名士」と呼ばれる人たち**で、高齢の人が多い傾向があります。文部科学省の二〇一一年の調査では、平均年齢は五九歳超。子どもの父母世代というよりは、祖父母世代です。また、女性の割合はおよそ三五％です。

自治体によっては、弁護士や医者などから一人、経営者から一人、教育関係者から一人、ＰＴＡから一人など、あらかじめ暗黙の枠がある場合も少なくありません。ちなみに、いじめ自殺事件で問題になった大津市の教育委員会は、非常勤の四人の委員は会社員二名、元小学校長一名、医師一名で、それに常勤の教育長で構成されていました。

一方、教育委員会の事務局の職員は、学校のベテランの先生が異動で教育委員会に転勤してきた「指導主事」と呼ばれる人や、役所に事務職員で採用された人たちです。

こうした事務局の事務を統括するのが教育長です。教育長は、教育委員会で決まった方針や重要事項を具体的に執行するため、職員を指揮監督することになります。教育委員会の事務には「学校教育の振興」「生涯学習・社会教育の振興」「芸術文化の振興、文化財の保護」「スポーツの振興」の四つがあります。

教育委員会にはどんな力がある？

教育委員会は、単なる学校の先生のお目付役《めつけやく》ではありません。幅広い分野について力をもっています。たとえば、教育委員会の管内で、学校や図書館、博物館、公民館を新たにつくったり管理したり廃止したりすることを決めることができます。学校の先生を任命したり、辞めさせたりという人事権ももっています。学校の児童生徒の入学、転学を決める権限ももっています。入学を控えた児童の家には「あなたのお子さんはこの小学校に入学することになっています」という「就学通知《しゅうがくつうち》」を送ります。どの教科書を使うか選定するのも教育委員会です。

学校の校舎など設備の整備についても権限をもっていますから、PTAが古くなった校舎の建て替えを教育委員会に陳情するということも、よく行われます。

このほか、囲碁や将棋の大会、駅伝やマラソン大会などのイベントの開催にも関わっています。

このように教育委員会は、その地域の教育や文化、スポーツについてのさまざまな権限をもっているのです。ただ、学校に関しては、公立に限られます。国立は文部科学省の管理ですし、私立については、独自の教育方針を尊重するという立場から、教育委員会の管轄からはずしてあります。

事務局がすべてお膳立てし、教育委員はそれを追認するだけ

これだけの権限をもつ教育委員会ですが、大津市の自殺事件のときはいったい何をしていたのでしょうか。

朝日新聞の記事によると、生徒が一〇月に自殺したあと、大津市教育委員会は月一回の定例会議で二度、自殺について報告を受けています。さらに一二月には、臨時校園長会を開いて自殺に至るまでの経緯などが詳しく説明されています。

しかし、いずれの場でも委員の発言はゼロ。委員長の「意見ございますか」という問いかけに対して委員は「ありません」と答え、通常どおり一時間で終了したとあります。事態の深刻さをまったく理解していなかった、と思わざるを得ません。

その後、二〇一二年にアンケートの内容が詳しく報じられると、委員から「事務局の説明を一〇〇%信用していた。事務局だよりになっていた」という反省の弁が相次ぎました。実は事務局は委員に情報を取捨選択して伝えていたのです。アンケート結果についても、自殺の練習をさせられていたことなどは「伝聞情報で確認で

きない」として、伝えていなかったというのです。こうした事務局の対応はもちろん大問題ですが、その報告を鵜《う》呑《の》みにし、ただ了承するだけだった教育委員にも責任がなかったとはいえないでしょう。

「本来、素人の健全な常識で事務局を監督すべき教育委員が、事務局が提出してきた案や方針をただ追認するだけの存在になっている」――。

これは大津市教育委員会に限った問題ではありません。それどころか、実は何十年も前からずっと問題視されてきたことなのです。

あなたの町の教育委員の名前を知っていますか？

なぜ、教育委員会制度は形骸化してしまったのでしょうか。それを理解するためには、この制度がどのように変わってきたかを振り返る必要があります。

教育委員会の生い立ちについては、第1章でも述べましたが、ここでもう一度おさらいしておきましょう。

教育委員会制度は、戦後、GHQが日本に持ち込んだものです。教育の民主化、地方自治の考え方にもとづいていました。そのため当初、**教育委員は地元の住民による直接選挙で決まる形になっていて、教育委員会は予算案を作成する権限ももっていました。**また、委員会の会議はすべて公開で行われることになっており、平日の夜に開催されることもあったようです。夜なら仕事を終えた親たちが傍聴できるからです。

自分たちが選んだ教育委員ですから、住民の多くはその名前を知っていました。もし今、「あなたの住む市町村の教育委員の名前を知っていますか？」と問われて、ちゃんと答えられる人はどれだけいるでしょうか。教育委員会に対する住民の関心が今より高かったのは間違いありません。

転機は、一九五六年に自民党政権が「地方教育行政法」を成立させ、教育委員会制度が大きく改定されたことでした。改定の背景は第1章で詳しく解説したのでここでは省略しますが、これにより、教育委員を住民が直接選挙で選ぶ仕組みはなくなりました。現在のように、都道府県知事や市町村長が議会の同意を得て任命する仕組みになったのです。教育委員が独自に予算案をつくる権限もなくなり、会議の原則公開を定めた条文も姿を消しました。

さらに、市町村の教育委員会の教育長の任命には都道府県の教育委員会の承認が、都道府県の教育委員会の教育長の任命には文部大臣の承認がそれぞれ必要になりました。独立した組織だった教育委員会が、文部省―都道府県教育委員会―市区町村教育委員会という縦の序列に再編成されたわけです。

こうなると、どうしても上部組織の顔色をうかがうようになります。さらに、予算案を作成する権限などが失われたことで、教育委員会の主体性は失われていきました。地域住民のほうも、自分たちで委員を選べなくなったことで、教育委員会に対して徐々に無関心になっていきました。

挫折した中野区の試み

一九七八年、こうした状況をなんとか改革しようと考えられたのが、東京都中野区の**「教育委員準公選制」**でした。「教育委員は地方自治体の長が任命する」と国の法律で決まっているのなら、区長が任命する教育委員の候補を、区民の投票で決めてしまおうというものでした。

公選ではないけれど、公選と事実上同じことになるという意味で、「準公選」と呼ばれました。中野区の住民が、条例づくりを求める運動を起こし、一九七九年、区議会が条例をつくりました。「条例」というのは、法律が国の決まりであるのに対して、その地方自治体だけに有効な決まりのことです。

「教育委員候補」の選挙は、中野区の有権者一人に一枚ずつ投票用のハガキが配られ、郵送で投票するという形がとられました。中野区長は、候補の得票順に教育委員を任命することになり、区議会に同意を求めて、教育委員を任命したのです。

教育評論家の俵萠子《たわらもえこ》さん（二〇〇八年逝去）も、この制度で教育委員に選ばれた一人です。教育委員会の会議を公開し、「区民が会議を傍聴しやすくしよう」と夜間に会議を開いたり、教育委員が区内の学校の行事に積極的に参加したりと、活発な活動を繰り広げました。

しかし、この準公選制について文部省は、「公選制を廃止した趣旨に反する」と強く反発。自民党が投票のボイコットを呼びかけたりした結果、〝投票率〟が低下し、区議会でも反対派が多数を占めるようになって、準公選制は一九九五年に廃止されました。

現行の法律制度のなかで考えられた準公選制は、教育への住民参加の新しい形の可能性を私たちに見せてくれましたが、結局、挫折してしまったのです。

安倍政権は教育委員会の何を変えようとしている？

その後も、「教育委員会が実質機能しておらず、これがちゃんと機能するように制度を見直すべきだ」ということが長くいわれ続けました。

二〇〇〇年にようやく地方教育行政法の一部が改正され、文部省―都道府県教育委員会―市区町村教育委員会という縦の関係を強めていた教育長の任命制度が廃止になります。さらに二〇〇二年には、教育委員の構成を多様化するため保護者を入れることが義務づけられ、会議も原則公開という形に戻りました。

しかし、教育委員会は相変わらず形骸化したままで、いじめ事件の対応でたびたび批判されてきたのは、これまで見てきたとおりです（そんななかで、奮闘している教育委員会もありますが）。

では、安倍政権はこの教育委員会をどのように変えようとしているのでしょうか。

簡単にいってしまえば、当初の教育委員会は、住民・保護者が選んだ代表が教育行政を担当していましたが、骨抜きにされて機能不全を起こしたので、今度は、住民が選んだ首長の意向が反映しやすい教育委員会にしよう、としているのです。

具体的には、まず教育委員長と教育長とを一つにした常勤の新ポスト（任期は三年）をつくり、首長にこの任命・罷免《ひめん》（やめさせること）の権限をもたせます。これは責任の所在を明確にするのが狙いです。

もう一つのポイントは、「総合教育会議」（仮称）と呼ばれる、自治体の首長が主宰する新たな組織をつくる点です。この会議は、首長のほかに、新教育長、教育委員、専門家などで構成。教育行政の方向性などを協議し、「大綱」として示すとしています（議論を透明化するため、会議は公開）。

そうした一方で、教育委員会は最終的な権限をもつ「執行機関」という位置付けは従来どおりのまま。また、教科書の採択や個別の教職員人事などもこれまでどおり教育委員会に権限を残すとしています。

総合教育会議の役割・権限や「大綱」の範囲については、二〇一四年四月上旬時

■教育委員会制度はどう変わる？

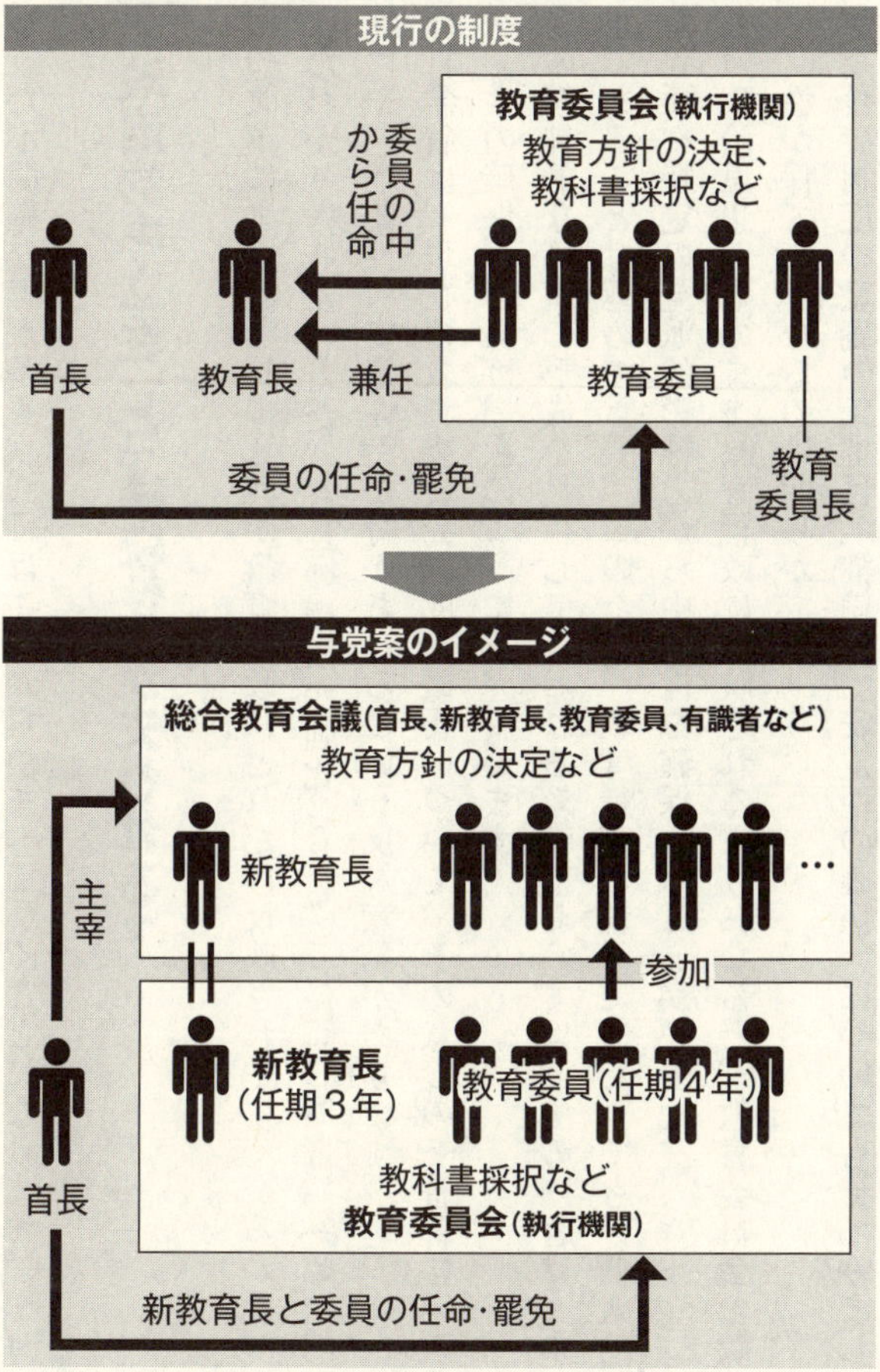

点ではまだ不明確な点が多く、詳細はこれから決まっていくことになります。

「政治的中立性」と「継続性」が失われる？

今回の改革によって首長の意向が教育行政にどれだけ反映されやすくなるかは、正直まだわかりません。ただ、首長の権限が強化されることに対しては、「政治的中立性」や「継続性、安定性」が脅かされるという反対意見があります。

文部科学省は、現在の教育委員会制度の概要について、その意義の一番目に「政治的中立性の確保」をあげ、次のように述べています。

「個人の精神的な価値の形成を目指して行われる教育においては、その内容は、中立公正であることは極めて重要。このため、教育行政の執行に当たっても、個人的な価値判断や特定の党派的影響力から中立性を確保することが必要。」

首長の政治思想がそのまま教育行政に反映されるようになると、教育委員会の政治的中立性が保てなくなるのは明らかでしょう。

教育委員会制度の意義の二番目「継続性、安定性の確保」についても見てみましよう。

「教育は、子どもの健全な成長発達のため、学習期間を通じて一貫した方針の下、安定的に行われることが必要。また、教育は、結果が出るまで時間がかかり、その結果も把握しにくい特性から、学校運営の方針変更などの改革・改善は漸進的なものであることが必要。」

首長が代わるたびに教育方針が変われば、学校は右往左往することになります し、何よりも教育の主役である子どもたちが混乱することになります。**自分の教育政策の結果が出るまで首長でいられる政治家がどれだけいるか**も疑問です。結果が出る頃には、もう首長じゃないから責任もないというのでは、教育に責任がもてません し、教育の継続性も失われます。

教育委員会が形骸化していて改革が必要なことは間違いありません。しかし、今回の改革で教育委員会が活性化し、地方の教育行政がよくなるのかは、まだわかりません。

教育委員会は、これまでは文部科学省のほうを向いて仕事をしてきました。これからは首長のほうも向かなければならなくなって二重に支配されることになり、自主性がさらに失われることも考えられます。文部科学省と首長の方針が大きく食い違った場合、身動きがとれなくなるのではないかと危惧されてもいるのです。

文部科学省という役所

それでは、教育委員会をはじめとする教育行政を司る文部科学省とはどういう組織なのか。簡単に見てみましょう。

二〇〇一年の省庁再編で、文部省と科学技術庁が一緒になってできたのが、文部科学省です。

文部省という役所ができたのは、一八七一年です。なんと明治維新の三年後です。それからの一四〇年以上という長い間、日本の教育の舵取りを行ってきました。日本の教育の現状については、さまざまな原因が考えられますが、担当の役所としては、それなりの責任があるといえるでしょう。

文部科学省は、東京の官庁街＝霞《かすみ》が関《せき》のはずれの虎ノ門交差点の脇にあります。

このため、**教育関係者の間では「虎ノ門」と呼ばれています。**教育委員会の人たちが、「この問題について、虎ノ門の意向は?」などと言うのです。

文部科学省の組織を大別すると、「本省」と「文化庁」に分けられます。文部科学省のトップは文部科学大臣で、文化庁のトップは文化庁長官です。文部科学大臣は、その名前のとおり「大臣」ですが、文化庁長官は大臣ではありません。日本の役所には、「庁」という名前でも、金融庁のようにトップが大臣のところと、文化庁や国税庁のようにトップが大臣ではないところがあるので、ややこしいですね。

以前は、事務次官になることができなかったキャリア官僚の「上がり」のポストとして、文部科学省の役人のなかから選ばれることが多かったのですが、二〇〇二年に心理学者で京都大学名誉教授の河合隼雄《かわいはやお》さん(二〇〇七年逝去)が、小泉純一郎総理大臣(当時)の要請で就任したことがあります。その後は、大阪大学教授だった青木保《たもつ》氏が二〇〇七年に、東京大学教授だった青柳正規《あおやぎまさのり》氏が二〇一三年に就任するなど、最近は、文部科学省の役人以外から選ばれるケースが増えています。

文部科学大臣の下に、副大臣二人と大臣政務官二人がいて、さらにその下に事務次官がいます。副大臣と政務官は、いずれも与党の国会議員です。

安倍政権の文部科学大臣は、下村博文《しもむらはくぶん》氏。「教育再生」を実質的に進めるリーダー役です。

文部科学大臣には、教育の専門家が就任するとは限りません。過去には、自民党内の派閥のバランスや当選回数で順送りに大臣になった人もいます。この〝素人〟大臣を支えてきたのが、文部科学官僚のトップの事務次官でした。

この事務次官の下に、「大臣官房」と「局」があります。

総務部に当たる大臣官房

大臣官房は、中央省庁に必ずある組織で、役所の人事や会計の仕事をしています。一般企業でいえば、「総務部」。大臣官房のトップ、つまり一般企業の総務部長に当たる役職を、官房長といいます。

官房長官ではありません。これはけっこう間違えられるのですが、官房長官は総理大臣の「女房役」といわれ、総理大臣の相談相手として総理を支え、内閣の広報官の役割もしています。たった一人しかいない役職です。

これに対して官房長は、各省庁にいます。各省庁に何人かいる局長と同格のポストです。各局の仕事の調整もする重要な役割ですので、将来の事務次官候補がなることが多い役職です。

形の上のトップ、生涯学習政策局

文部科学省には七つの局がありますが、このうち四つは、文部省の局が存続しました。この局には、一応のランクがあります。文部科学省の組織表に並んでいる順番です。このトップ（筆頭局）が、生涯学習政策局です。「これからは生涯学習社会を迎える」というかけ声で、一九八八年に、それまであった社会教育局をもとにつくられました。それまでの社会教育局は、文部省のなかでは地味な局で注目されることも少なかったのですが、生涯学習政策局（当時は生涯学習局）になって、一躍トップになりました。

生涯学習政策局が省内でトップなら、ここの局長が次に事務次官になってもよさそうなものですが、これまでは、このあと説明する初等中等教育局か高等教育局の局長が事務次官になるコースができていました。「生涯学習政策局が筆頭局というのは建て前だけ」と批判されるゆえんです。

それはともかく、生涯学習というのは、高齢社会になって、学校を出たあとの人生が長くなる時代を迎え、「ずっと勉強したい」という人のお手伝いをしようという考え方からできた言葉です。かつて文部省は「生涯教育」という言い方をしていましたが、「これでは上から教え込むイメージがあってよろしくない」という考えから、生涯学習に変わりました。生涯学習なら、「学習したい」という人を主体に考えて、「そのお手伝いをする」というイメージだからだそうです。

生涯学習のお手伝いといえば、放送大学もその一つです。学校に通わなくても、放送を通じて大学卒の資格が取れます。以前は放送エリアが関東地方に限られていましたが、今はBSデジタル波で放送されているので、受信環境さえ揃っていれば日本全国どこでも無料で観ることができます。

以前、「大検（大学入学資格検定）」と呼ばれていた「高等学校卒業程度認定試験」の担当も、この局です。もともとは、家が貧しいなど経済的な理由で高校に行けなかった人が、経済的なゆとりができて大学進学を希望したときに利用できるようにしようという趣旨でスタートした制度でしたが、近年は高校中退者が受験することが多くなりました。

文部省の柱の初等中等教育局

初等中等教育局（略して初中局と呼ばれる）は、幼稚園から小学校、中学校、高等学校、特別支援学校までを担当しています。大学以外のほとんどの学校を受け持っているといってもいいでしょう。

初等中等教育というと、なんだか小学校と中学校だけの気がするかもしれませんが、そうではありません。高等学校も担当しているのです。文部科学省の区分けでは、小学校が初等教育で、中学校は「前期中等教育」、高等学校は「後期中等教育」という位置づけなのです。

これだけの学校を幅広く担当しているのですから、文字通り「文部科学省の大黒柱」になります。学習指導要領をつくったり、教科書の検定をしたりするのもこの局です。授業時間の増減や道徳教育の推進、高校入試の改革など、文部科学省の方針をめぐって大きな論議を巻き起こすテーマの多くは、この局が担当しています。

大学を担当する高等教育局

大学や短期大学、高等専門学校（高専）を新しくつくったり、新しい学部や学科をつくったりしようと思えば、文部科学省の審査を受け、それに通らなければなりません。それを担当しているのが、この高等教育局です。「高等」という名前がついているので高等学校と誤解する人がいるかもしれませんが、前に触れたように、教育界の用語では、「高等教育」とは大学や大学院のことを指します。

文部科学省のなかでは、この高等教育局と初等中等教育局が大きな力をもっています。文部科学省の幹部は、このどちらかの局で仕事をしてきた人が多いのですが、二つの局は対照的な雰囲気をもっているため、育ち方によってタイプが異なるとよくいわれます。

さまざまな規制やルールがある義務教育を担当している初等中等教育局は、どちらかといえばルールを重んじる「規制重視」の保守派が多いという言われ方をすることがあります。これに対して高等教育局は、基本的に大学自治の原則から、文部科学省が細かいことを決めずに各学校に任せるというスタンスをとっています。こうしたことから、細かいことにこだわらないタイプの人が多いというのです。初等中等教育局に比べれば、「リベラル派」タイプだというのですが、外部から見れば、たいした違いはないのかもしれません。

スポーツ・青少年局

二〇二〇年に東京でオリンピック・パラリンピックが開催されることが決まりました。

オリンピック精神は「参加することに意義がある」ことだとわかっていても、日本代表が不甲斐ないとがっかりしてしまいます。「選手の養成はどうなっているのか」という批判が起きたりします。選手の強化を直接担当するのは公益財団法人の日本オリンピック委員会（ＪＯＣ）ですが、ここの強化費用への国の援助は、文部科学省のスポーツ・青少年局が窓口です。

もちろんスポーツ・青少年局の仕事は、オリンピックに限りません。というよりは、オリンピックはごく一部で、基本は、国民にスポーツを通じて健康になってもらい、体力もつけてもらおうというのが目的です。このため、学校内にとどまらず、スポーツ施設の整備やアマチュアスポーツ団体への援助を行っています。

また、学校給食の仕事を担当しているのも、このスポーツ・青少年局なのです。

これ以外に「科学技術・学術政策局」「研究振興局」「研究開発局」という旧科学技術庁系の局がありますが、教育とは少し縁遠いので説明は省きます。

文部科学省の方針の決まり方

文部科学省の仕事ぶりを評して、「審議会行政」という言葉がかってよく使われました。文部科学省が新しく教育についての政策・方針を打ち出すときには、必ず各種の審議会で、外部の専門家、有識者から意見を聞くことから始めるからです（現在は、審議会という名のつくものは「中央教育審議会（中教審）」だけですが、中教審にはさまざまな分科会があります)。

「審議会のメンバーと文部科学省の考える方向性に大きなズレがあったらどうするの?」と思われた方もいるかもしれませんが、そこはやはり日本のお役所のこと。審議会のメンバーには必ず文部科学省の有力OBや文部科学省のご意見番、知恵袋のような人たちがしっかり加わり、議論の方向をコントロールしていきます。

さらに、なんらかの方向を打ち出したり、それを法律にしたりする場合は、政治家との関係が出てきます。文部科学省に対しては、自民党の「文教族」と呼ばれる議員が大きな影響力をもっています。

自民党は、政策をつくったり進めたりするために「政務調査会」という組織をもっています。この調査会は、省庁ごとに対応する形で、いくつもの「部会」をもっています。文部科学省を担当するのが「文部科学部会(文部省時代は文教部会)」です。ここの部会に所属して、長年教育問題に取り組んできた議員のことを**「文教族」**といいます。「日の丸・君が代」の推進や道徳教育の徹底を求めるなど、**自民党の内部ではどちらかといえば〝タカ派〟と呼ばれる人たちが多いのが特徴**です。

文部科学省の官僚たちは、新しい方針を出すに当たって、自分たちのトップである文部科学大臣に説明します。現在の下村大臣は自民党文教族のリーダー的存在ですが、文部科学大臣が文教族の国会議員とは限りませんから、文部科学省の幹部は文部科学大臣の顔も立てながら、自民党内の文教族の国会議員にも根回しをして、方針を打ち出していくのです。

文部科学省と教育委員会との関係

文部科学省のことを「指導助言官庁」と呼ぶこともあります。中央官庁のなかでも、国土交通省のように、業界に対してさまざまな強い監督権限をもっている役所に比べて、文部科学省は、法律上の強い権限をもっていないことを指して、こういう表現を使うのです。

たとえば、地方の教育委員会に対して、文部科学省は「指導・助言・援助を行う」権限をもつことになっています。つまり、命令したり監督したりするのではなく、まるで〝先生が生徒にするように〟、指導したり助言したりするというのです。建て前としては、強い権力で強制するわけではないのです。

特に文部科学省の官僚は、権力を使うことにかなり〝抑制的〟になっています。「文部科学省が何にでも口を出すべきではない」という意識があるようです。

たとえば、中央官庁が地方自治体に対して「通達」を出すことがありますが、文部科学省は、かつては使っていたこの言葉をやめ、「通知」という表現にしています。通達だと上意下達《じょういかたつ》のイメージが強いので、「お知らせします」という通知にしたのです。この辺に、権力的であることを嫌う文部科学官僚の一つの側面を見ることができます。

しかし、実際問題として、生徒の立場に立てば、先生から指導や助言を受けたら、これを無視したり拒否したりすることができるでしょうか。「先生のいうことをよく聞くいい子」が好きな教育委員会としては、自らも〝いい子〟になりたがります。

文部科学省が、いくら現場の先生や教育委員会に任せたいと思っても、教育委員会のほうに、文部科学省の指導を待つという姿勢ができあがってしまっています。

文部科学省としては、さまざまな例外を認めた弾力的な方針を打ち出しても、これが、文部科学省↓都道府県教育委員会↓市区町村教育委員会↓学校現場と伝達されていくうちに、金科《きんか》玉条《ぎょくじょう》のごとく固く守らなければならない方針に〝変化〟してしまうのです。

教育委員会の問題を考えるときには、こうした構造をどう変えるかも重要になります。

教育を自らの手に取り戻そう

教育委員を住民選挙で選ぶ、当初の教育委員会制度に近づけることはできないものでしょうか。

自分の子どもが実際に学校に行くようになると、学校現場の事情がよく見えてきます。ときには愕然《がくぜん》とすることもあるでしょう。そうした現場をよく知り、危機感をもって変えようとする人たちが教育委員になれば、教育委員会も変わることができるのではないでしょうか。

住民が選挙で選ぶようになれば、子どものいる親はもちろん、これまで教育に関心のなかった人たちも、自分たちの地域の教育がどうあるべきか真剣に考えるようになるでしょう。

「いやいや、親はみんな忙しい。PTAの役員を決めるのも大変なんだから」という声が聞こえてきそうです。しかし、そうやって他人任せにしているから、政治家がいいように制度を変えてしまうのです。

「政治家が悪い」「いい政治家が出てこないかなあ」と、これまでは政治のせいにしてきましたが、そろそろ政治にたいしたことはできないということがわかってきたのではないでしょうか。

現状に納得できないのであれば、自分たちで変えていくしかないのです。

第8章

PTA

―そもそも何のためにあるの？―

PTA会費が先生の報酬になっていた

二〇一二年に明らかになったのが、公立高校でのPTA会費の流用問題です。

文部科学省の調査によると、二〇〇七年から二〇一一年の五年間に、一五の道県と三つの政令指定都市で、PTAが実施する補習をその高校の先生が行い、その指導に対してPTA会費から報酬が支払われていたことがわかりました。

勤務時間内の補習であれば、それは仕事ですから、PTAから報酬をもらえば違法になります。放課後の勤務時間外に補習を指導したとしても、「公務員の兼業」に当たりますので、報酬を受け取るためには教育委員会の許可が必要です。

しかし実際には、教育委員会の許可が必要なことを知らずに報酬を受け取っていました。昔からの慣行だったため疑問に思わなかったようです。

また、校舎の修繕《しゅうぜん》や事務機器、備品の購入などにPTA会費が使われていたのは、二九の都道府県と一二の政令指定都市に及びました。PTAが経費の支援を行うこと自体は禁止されていませんが、本来は公費で行われるべきものでしょう。

なぜ、公立高校の一部でこうしたPTA会費の流用が続けられてきたかといえば、それはお金が足りないからという一語に尽きるのではないでしょうか。教育委員会に頼んでもお金が出ないから、PTAの財布があてにされてきたのです。

この調査を機に、法令や通知によって文部科学省の指導が行われました。

今回問題になったのは、高校のPTA会費でしたが、PTAは小・中学校にもあります。そもそも何のために、いつからある組織なのでしょうか。

四月最初の保護者会は戦々恐々

四月、子どもが小学校や中学校に入学すると、親は、最初の保護者会に出席します。新しく担任になった先生の自己紹介のあと、今後の教育方針について説明があります。それが一段落すると、先生がおもむろに口を開きます。「PTAの役員をやってくださる方を選びたいのですが……」。

すると、部屋に緊張感がみなぎります。先生から声をかけられたお母さん、お父さんたちは、次々に「仕事がありますので……」「高齢の親の介護がありまして……」

「病弱なものですから……」と、役員になれない理由を述べていきます。みんなが、役員を断る理由をもっているのです。

しかしそれでは、役員がいつまでたっても決まりません。困り果てた先生が、前列に座っている人の良さそうなお母さんに、再度頼みます。断り切れないこの人が、思わずうなずくと、室内にほっとした空気が流れ、出席者から拍手が起きます。こうして、このクラスのPTAの役員が決まります。残りの委員選びは、くじ引きになってしまいました。

こうして役員に選ばれると、一年間、毎週のように学校に行ってPTAの打ち合わせをし、先生と保護者の板ばさみになったり、わが子そっちのけで雑務に追われたりして、くたびれ果て、「もう二度と役員をするものか」と決意する……。

PTAというと、こんなイメージをもつ人が多いのではないでしょうか。PTAの役員になるのがいやで、保護者会を欠席する人もいます。なかには、PTAの役員を選ぶ四月、五月だけパートに働きに出て選ばれることを免れ、役員が全部決まったら、安心してパートをやめるお母さんまでいるというのです。

そんなに人気のないPTAですが、実は「日本の教育を民主化する」という、大きな目標のためにスタートした組織でした。

PTAと保護者会は別もの

PTAを保護者会や後援会と誤解している人がいるかもしれませんが、この三つは別のものです。

保護者会は、学校の計画に従って招集され、先生が運営します。先生が、クラスの子どもたちの保護者に対して必要なことを伝える会です。

一方、学校の後援会は、ないところもあるでしょうが、もっぱら、学校に備品を寄付したり、創立何周年かの記念行事を計画したりするものです。

これに対してPTAは、父母の委員が中心になって企画し、運営する組織です。先生も、本来は自由意思で参加すべきものです。

PTAとは、Parent-Teacher Association の頭文字を並べたものです。「父母と先生の会」なのです。先生のTより、父母のPのほうが先にきます。父母と先生が一緒になって、子どもたちのために活動する目的でつくられた組織です。ここを確認しておかないと、ＰＴＡは学校の単なる下請《したう》け機関になってしまったり、先生抜きで話が進んだりと、いろいろな問題点が出てきてしまいます。

アメリカ主導で導入された

戦前の日本の学校には、父兄会《ふけいかい》がありました。今でもＰＴＡのことを父兄会と呼ぶ人がいますが、それだけ「父兄」という言葉が根づいていたのです。しかし、父兄会という言葉には、「母」の文字がありません。戦前の日本では、女性が学校のことに口を出すなど、考えられないことだったからです。

戦後、日本を占領したアメリカは、日本の教育の民主化を進めようと考え、アメリカ国内でのさまざまなスタイルを日本に導入しました。ＰＴＡもその一つでした。わが子が通う学校に対し、親の立場から発言できるようにしたのです。これは、親の権利を認めたものですし、父兄という言葉が、ペアレント＝父母になって、女性が発言権をもつようにもなりました。いってみれば、ＰＴＡの誕生は、戦後日本社会での女性解放の一つでもあったのです。

また戦前、親は学校の先生のいうことをただひたすら聞く立場でしかありませんでした。それがPTAになると、P（親）とT（先生）が対等な立場に立ったのです。

PTA参加・不参加は自由？

PTAのA＝アソシエーションは、任意《にんい》の団体という意味です。つまり、学校には必ずなければならないもの、というわけではないのです。事実、PTAがない学校もあります。

任意の団体ということは、参加する、しないも本来は個人の自由意思なのです。戦後まもなくは、子どもが入学すると、親にPTAへの参加申込書が配られ、それぞれが任意で申し込んでいました。それが、いつしか自動的に全員が加入するようになりました。子どもが学校に入学したらPTAへの参加申込書が渡された、などということはないはずです。いつのまにか全員が加入し、会費を毎月払っています。

PTAは、教育委員会にも文部科学省にも属していません。まったく独立した組織なのです。教育委員会から指示されたりすることのない組織です。これを誤解している人がいますが、独立した組織である以上、どこかの下請けになってはいけないのです。

PTAには各種の委員会がある

では、PTAの実際は、どうなっているのでしょうか。PTAの役員経験者はご存じでしょうが、ここでは一般論を説明しておきましょう。

各学校のPTAは通常、会長、副会長、書記、会計の四人の役員を選ぶことになっています。文部省が戦後まもなくの一九四八年にまとめた「PTA参考規約」によりますと、会長と会計は父母、副会長は「教員または父母」、書記は教員となっています。父母と先生が協力し合う組織だが、そのリーダーシップは親がとる、という原則を示しています。

学校のPTAは、まず各クラスから**「学級代表委員」**を一人選びます。この「学級代表委員」のなかから学校の役員を選ぶ場合と、学級代表委員とは別に全校のなかから役員を選ぶ場合があります。

このほか、通常は四つくらいの各種の委員会があり、各クラスから選ばれた人たちが、委員になって参加します。この委員会は、学校によって名前や活動内容が異なりますが、大体は、次のようなものがあるはずです。**地区(校外)委員会**、**教養(成人)委員会**、**厚生(保健)委員会**、**広報委員会**の四つです。

地区委員会、学校によっては校外委員会という名前の委員会は、文字通り、学校のある地域の環境を整備して、子どもたちが安全に通学できるようにしようという委員会です。通学区域に危険な場所があったら、役所にかけあって改善してもらったりすることもあるでしょう。深夜に子どもたちがゲームセンターにたむろしていないかパトロールするケースもあるでしょう。子どもたちにイタズラをする不審者《ふしんしゃ》がいるという情報があれば、保護者がグループで見回るという場合もあるはずです。

教養委員会なら、父母の教養を高めるための活動をするのだろうとわかりますが、学校によっては、成人委員会という名前のところがあるはずです。どうしてこんな名前になったのか、不思議に思う人もいるでしょうね。これは、文部省の「PTA参考規約」のなかに、「民主社会における市民の権利と義務とに関する理解を促すために、父母に対して成人教育を盛んにする」という目標があったことにもとづいています。つまりは、日本を民主化するために、PTAが、父母に民主主義を教える活動をする組織として期待されていたのです。

そこで、戦後まもなくの頃は、理想に燃えたお母さんたちが読書会を開いたりして熱心に勉強したものです。最近では、カラオケ大会やバレーボールなどのサークル活動が中心になっているところもあるようですが、教育問題についての講演会を開くというのが一般的な活動です。

厚生（保健）委員会は、子どもたちの健康を考える委員会です。具体的には、学校給食の試食会などを開いて、子どもにふさわしい給食のあり方を考えることが多いようです。そして、広報委員会。PTAの活動を会員に知ってもらうため、「PTAだより」を編集・発行する仕事です。会員にアンケートをとったりして、学校のこと、子どもたちのことを父母に考えてもらおうと、メンバーが原稿書きに奮闘《ふんとう》するというのが一般的です。

各学校から全国組織まで

各学校のPTAが何をするかを決める最高意思決定機関は、「総会」です。ここで決まったことにもとづいて、日常の業務は「運営委員会」が行います。この運営委員会の下に、各種の委員会が並びます。

PTAの役員を務めると、「P連」なる言葉を聞くことがあるはずです。各学校のPTAが集まってつくっている連絡協議会のことです。各学校のPTAは「単P」と呼ばれます。「単位PTA」のことです。この単位PTAが集まって、市区町村単位でPTAの連絡協議会がつくられ、その上に都道府県の連絡協議会があり、さらに全国組織として、日本PTA全国協議会があります。

各学校を土台に、市区町村、都道府県、中央と、ピラミッド型の組織になっているのです。日本PTA全国協議会は、二〇一三年度より公益社団法人になりました。

先生抜きのPTA

PTAをめぐっては、さまざまな問題点が指摘されています。その一つに、T抜きのＰＴＡと呼ばれる問題があります。

ＰＴＡは、文字通り、Ｐ(親)とＴ(先生)が一緒になって活動するものです。ところが、先生の多くは、「ＰＴＡは保護者たちのもの」という思いが強く、自分たちも一緒になってつくっていくという意識の薄さが指摘されています。

また、**ＰＴＡの委員会自体、平日の午前中に開かれることが多く、授業をしている先生は参加できません。**

こうして、日ごろは先生抜きで仕事を進める一方で、大事なことは校長や教頭の指示に素直に従うだけ、というパターンもよく見られます。Ｐ(親)とＴ(先生)が対等な立場で相談するはずの組織なのですが。

広報委員会が出す「ＰＴＡだより」の記事をめぐって校長がクレームをつけ、あわてて内容を差し替えたり、出版を見合わせたりするというトラブルも、よく聞きます。

こうしたことは、いずれもＰＴＡの本来の趣旨を忘れてしまったところに問題の根があるのです。

ＰＴＡの会合が平日の昼間開かれることについて、教育評論家の永畑道子《ながはたみちこ》さん

（二〇一二年逝去）は、自らが長年PTAに関わった経験から、次のように書いています。

「戦後まもないときの〈夜のPTA〉が、いつのまにか崩《くず》れてしまい、〈働いているひとはかかわらぬPTA〉になってしまった。どんなに働いていても、多忙であっても、子どもを育てる責任は父・母・教師が背負っているはずなのに。働くことは人間として当たり前で、委員えらびを避ける理由にはならない。たとえば先生たちは、学校の仕事が終わったあとに、一市民としてPTAに出席する。働いている父母も、夜か休日か、労働のあとにPTAに出る。これが原則のはずである」（『PTA歳時記』より）

PTAは学校に寄付してもいいの？

PTAには、資金集めもつきものです。お母さんたちが、バザーや廃品回収で資金を集め、学校の備品を買ったり、学校に寄付したりすることがよくあります。

中学三年生になると、先生たちにPTAが「進路対策費」を渡したり、卒業式の前後に豪華な謝恩会を開いて、先生に餞別《せんべつ》を渡したり、ということもあります。会員のなかから不満の声が聞かれても、「これが慣例だから」と、ズルズル続いているところもあるようです。

ＰＴＡが学校に資金を寄付することについては、すでに一九六七年に、東京都教育委員会が、都内の各区の教育委員会に対して、「義務教育の学校は、ＰＴＡや後援会から寄付金を受け取らないように」という通達を出しています。学校の運営に必要な資金は公費で負担すべきものであると明言しているのです。全国各地の教育委員会も、同様の通達を出しています。

ただ、全国の公立高校でＰＴＡ会費が流用されていたように、小・中学校でも同様のことが行われているケースは今でもあります。また、ＰＴＡ会費の流用がすべて違法というわけではありません。文部科学省は、ＰＴＡなどの学校関係団体が（強制的に徴収するのではなく）自発的な寄付を行うことは禁止されていない、としています。

「開かれた学校」への取り組み

一九九六年、中央教育審議会は、「開かれた学校」という考え方を打ち出しました。学校の現状を地域の父母に公開するとともに、地域の力を学校の運営に活かそうと提言したのです。

学校の施設を、子どもたちに開放したり、父母が勉強する場所として提供したりする必要がある。また、学校だけですべてをやろうとせず、地域の力を借りる＝つまり親にも助けてもらおうというのです。

親が学校教育に参加する方法は、いろいろ考えられます。かつて校内暴力が吹き荒れたとき、荒廃した学校の現状に驚いた父母が、授業中、学校内を交代でパトロールして、先生たちと協力しながら、荒れを克服した例があります。

あるいは、子どもたちの親が学校の「先生」役となって自分の仕事について話すことは良いキャリア教育になります。たとえば、商社マンとして中東に赴任していたお父さんが、アラブの服で現れ、「砂嵐のなかでは、この服装が合理的なんだよ」と、さまざまな体験を子どもたちに語ることも可能です。

子どもは自分のお父さんがどんな仕事をしているのかわからない人が多い。家では聞けない話が学校で初めて聞け、「うちのお父さん、すごいことをやっているんだ」とわかることで、親子関係もよくなるのではないでしょうか。

学校支援ボランティアという形で、図書室で放課後、子どもたちに本の読み聞かせをすることも行われています。さらには、日本語が不自由な帰国子女や外国人転入生を、外国語のできる親が手助けすることもできるかもしれません。

異色の文部官僚として教育改革を進めた寺脇研《てらわきけん》さんは、「PTA学校」を提言していました。土曜日や日曜日、PTAが学校の教室を借り、PTAの会員や地域の人が先生になって、農作業やソバのうち方、太宰治の本を読んだ感動などを子どもたちに伝えてみてはどうですか、と提案しました(『中学生を救う30の方法』より)。

子どもがいなくても地域の教育を支える

文部科学省はその後、二〇〇〇年に「学校評議員制度」を、二〇〇四年に「学校運営協議会制度」をつくります。どちらも任意の制度のため設置義務はありません。

学校評議員制度は、開かれた学校づくりを進めるために、校長が必要に応じて学校運営に関する保護者や地域住民の意見を聞くための制度です。二〇〇八年度末で、約三万六〇〇〇校で設置されています（類似制度を導入している学校も含む）。

学校運営協議会制度は、「コミュニティ・スクール」とも呼ばれ、保護者や地域の住民が一定の権限と責任をもって学校運営に参画することを目的に、合議制の意思決定機関を設置する制度です。二〇一三年度の設置校は一五七〇校で、年々着実に増えています。

教員・保護者・地域住民などで構成される「学校運営協議会」は、学校運営の基本方針や予算などの承認権をもつほか、教員人事についても市区町村教育委員会を通して都道府県教委に意見を述べることができます。ただ今のところは、教員人事に及ぶ大きな権限を行使しているところは少なく、学校の「応援団」的な存在として活動しているところが大半のようです。

この二つ以外にも、地域住民がボランティアで学校を支援する「学校支援地域本部」があります。学校と家庭と地域が一体となって子どもを育てる体制をつくることが目的で、国が予算事業として各地域の取り組みを支援しています。

東京都の公立小中学校で初の民間人校長となった藤原和博《ふじはらかずひろ》さんは、就任した杉並区立和田中学で「学校支援本部」を立ち上げました。地域の人々がボランティアで地元の学校のさまざまな活動を支援するもので、土曜日に大学生が主体となって中学生に勉強を教える「土曜日寺子屋（ドテラ）」などが話題になりました（和田中学は二〇〇八年にＰＴＡを廃止したことでも注目を集めました）。こうした取り組みをモデルにして文部科学省が予算をつけて全国展開したのが「学校支援地域本部」です。現在では全国で約九〇〇〇校が設置するまでになっています。

似たような制度が三つもあるのはわかりづらいので、ぜひ整理してほしいところではありますが、**自分が住んでいる、または働いている地域で、子どもがいてもいなくても多くの大人が学校教育に関わるということは、とても大事なこと**です。子どもというのは、これからの日本を支える人材です。その人材のためにと考えれば、自分の子どもであるかどうかは関係ないのではないでしょうか。

第9章

給食

―教育の一環だって知っていましたか？―

給食費「未納」問題はどうなった？

「払えるのに払わない親がいる」と、給食費未納が問題化したのは二〇〇六年のことです。「日本人のモラルはここまで下がったのか！」という論調で報道されました。

これを受けて文部科学省は、全国にある国公私立小・中学校の給食費の徴収状況（二〇〇五年度）について調査を行いました。

その結果、**未納者の割合は、一・〇％で、未納額は約二二億円**（〇・五％）。未納の原因としては、「保護者としての責任感や規範意識の問題」が六〇・〇％、「保護者の経済的な問題」が三三・一％でした。未納者の六割が「払えるのに払わない」という結果だったのです。

この給食費未納問題は、あまり報道されなくなりましたが、果たして解決したのでしょうか。二〇一二年度の調査結果を見てみましょう。

未納者の割合は、〇・九％と、二〇〇五年度に比べて〇・一％の減少。今回は抽出調査だったため未納額は推定ですが、約二二億円（〇・五％）と同額です。未納の原因は「保護者としての責任感や規範意識の問題」が六一・三％、「保護者の経済的な問題」が三三・九％でした。

調査結果を見る限り、給食費未納問題は、まったく解決していないことがわかります。

二〇一二年度からは「児童手当」から徴収できる制度が導入されていますが、その利用は三割にとどまっていて、問題の解決には残念ながらつながっていません。道徳教育が必要なのは、子どもよりも保護者である大人たちのようです。

ちなみに、文部科学省の調査（二〇一二年度）によると、公立学校における給食費の月額は、小学校で約四一五〇円、中学校で約四八〇〇円でした。また、二〇一四年四月から消費税率が五％から八％に上がったのに合わせて、給食費も値上げした自治体が多いようです。

子どもたちの肥満防止のために、カロリー量を削減

私は、学校給食というと、**脱脂粉乳**《だっしふんにゅう》のなんともいえないにおいを思い出します。いやがる子どもたちも無理やり飲まされ、それ以来牛乳嫌いになってしまった人も多いのです。今では学校給食に〝ちゃんとした〟牛乳が出るので、脱脂粉乳の話をしても若い人たちにわかってもらえず、年齢による断絶を感じさせられる話題の一つです。

今の五〇代から六〇代の人の小学校時代は、学校給食がまだ始まっていなかった地方も多いのですが、都市部では、パンとおかず一品、脱脂粉乳のセットが標準スタイルでした。私も小学校時代はこの給食で、中学校は東京都内の区立でしたが給食がなく、毎日弁当持参でした。

今の学校給食は、実にさまざまな工夫がしてあって、おじさん世代にはうらやましい限りです。デザートまでついています。教室で食べるのではなく、特設されたランチルームで食べることもありますし、その**地方ならではの郷土色豊かな給食が**

出ることもあります。

年齢に応じた栄養量の基準も決められています。時代によってこの基準は何度か変わっていて、現在の基準は二〇一三年度から適用されています。

小学校の一～二年生は五三〇キロカロリー、三～四年生は六四〇キロカロリー、五～六年生は七五〇キロカロリー、中学生は八二〇キロカロリーで、運動量が減っている子どもたちの肥満を防止するため、前回の基準より、すべての年齢で減らされました。

たんぱく質や脂質、ナトリウム（食塩相当量）、カルシウム、鉄分、ビタミン、食物繊維の量の基準も決められています。さらに、マグネシウムや亜鉛の量についても具体的な数字が掲げられています。まさに、豊かな時代の給食です。

教育先進国フィンランドは給食も無料です。しかし、そのメニューはというと、パンとスープにもう一品おかずがあるだけ。海外の学校給食というのは、総じてこんな感じで、日本ほど栄養バランスや味を考えている豊かな給食はないでしょう。

ちなみにフィンランドでは、食後の虫歯予防に嚙むキシリトールガムは食べ放題でした。キシリトールの研究はフィンランドが先駆けですからね。

食糧難の時代に始まった学校給食

日本の学校給食の始まりは、一八八九（明治二二）年です。山形県・鶴岡市のお寺の住職が、恵まれない子どもたちのために寺のなかに小学校をつくり、おにぎりと漬け物を食べさせたのが始まりとされています。

その後、関東大震災や昭和恐慌《きょうこう》、太平洋戦争中など食糧事情が悪くなるたびに、子どもたちへの給食が少しずつ広がりました。

これが全国へ広がったのは、第二次世界大戦で日本が負け、連合国軍総司令部（GHQ）が一九四七年に学校給食を始めるように指示したためです。アメリカからの援助の小麦粉を使ったパンで、給食が全国的にスタートしました。おじさん、おばさん世代の給食の脱脂粉乳も、ユニセフ（国連児童基金）から贈られたものでした。

そして一九五四年、「学校給食法」が制定されます。法律の目的は、「児童及び生徒の心身の健全な発達に資し、かつ、国民の食生活の改善に寄与《きよ》する」となっていました。単に子どものためだけでなく、国民全体の食生活の改善まで目標に入っていたのです。

二〇〇八年の改正では、さすがにこの文言は削除され、代わりに、「食に関する正しい理解と適切な判断力を養う」ことや、「学校給食の普及充実及び学校における食育の推進を図る」ことが新たな目的となりました。

学校給食に必要な施設や設備、人件費は自治体が負担し、子どもの保護者は、食事の材料費を学校給食費として負担することなどは変わっていません。

学校給食は教育の一環に

学校のなかで行われる学校給食には、やがて教育的な意味が与えられます。一九五八年、学習指導要領に学校給食が位置づけられました。学校給食は学校のなかの「特別活動」になりました。給食は教育の一環なのです。

給食の目標として、現在は次の七つが掲げられています。

①適切な栄養の摂取による健康の保持増進を図ること。
②日常生活における食事について正しい理解を深め、健全な食生活を営むことができる判断力を培い、及び望ましい食習慣を養うこと。
③学校生活を豊かにし、明るい社交性及び協同の精神を養うこと。
④食生活が自然の恩恵の上に成り立つものであることについての理解を深め、生命及び自然を尊重する精神並びに環境の保全に寄与する態度を養うこと。
⑤食生活が食にかかわる人々の様々な活動に支えられていることについての理解を深め、勤労を重んずる態度を養うこと。
⑥我が国や各地域の優れた伝統的な食文化についての理解を深めること。
⑦食料の生産、流通及び消費について、正しい理解に導くこと。

「明るい社交性」を養うことも学校給食の目標なのです。もちろん、これだけではなく、小学校低学年の子どもたちが、準備や片づけを全部自分たちで行うことで、協同作業を通じて協調性や社会性を養うことにもなるのです。

こうした学校給食の結果、「大人になった日本人は、集団行動が身につき、レストランではみんなが同じものを注文するようになる」と分析するアメリカ人もいるのですが。

小麦と脱脂粉乳、米、輸入牛肉は中央から

二〇〇六年まで、独立行政法人の「日本スポーツ振興センター」が学校給食で使われる食材の一部を供給していたというと、驚く人が多いかもしれません。現在も、同センターには「学校安全部」があり、学校給食の食中毒の発生状況を調査したり、講習会や刊行物による研究成果の情報提供を行ったりしています。なぜ、日本スポーツ振興センターという名前の団体が学校給食に関わっているのか。それには次のような経緯があるのです。

給食の中心メニューは、長らくパンとミルクでしたが、その材料となる小麦粉や脱脂粉乳はアメリカやユニセフからの贈与でした。その受け入れ業務やその後の輸入業務を一括して行ったのが、特殊法人の「日本学校給食会」です。日本学校給食会から、全国の各都道府県学校給食会に供給されたのです。その後、米と輸入牛肉

などの購入と供給も同様に扱うようになりました。

しかし、文部省幹部の天下《あまくだ》り先の特殊法人が多すぎるとして問題になり、行政改革の一環として、一九八六年、「日本学校健康会」と「国立競技場」の二つの特殊法人と統合され、「日本体育・学校健康センター」が設立されました。

さらに、二〇〇〇年から特殊法人改革が行われ、二〇〇三年に、独立行政法人日本スポーツ振興センターになったのです。

この独立行政法人には、文部科学省スポーツ・青少年局を窓口に国から補助金が出ています。もちろん文部科学省幹部の天下り先でもあります。文部科学省が補助金を出している先へ幹部が天下りする不透明さがしばしば問題になりますが、組織の名前が変わっても、この慣行は今も続いています。

主食はパンからご飯へ

私の学校給食時代には考えられなかったことですが、**今の学校給食には、週に平均三・三回の米飯給食があります。**パンよりもご飯のほうが多いのですね。

給食にご飯が出るようになったのは一九七六年からです。当時、大量に米が余って、国の保管料がかかりすぎて問題になり、米を少しでも食べてもらおうと始まりました。農林水産省も、給食でご飯を食べる習慣ができれば、将来の米離れを防ぐことになると考え、政府米を割引販売することで応援しました。この結果、一九九七年度には、給食を実施している全国の小・中学校の九八・七％が米飯給食を実施するようになったのです（二〇一二年度調査では、給食を実施している全国の小・中学校のほぼ一〇〇％で米飯給食を実施）。

ただ、この割引制度は、政府の財政切り詰め策として、一九九九年度で廃止になりました。この結果、地元の農協の応援を受けて、引き続き安い米を買えるところと、給食費を値上げしなければならなくなったところが出ました。

どうも学校給食は、そのときの政治の都合の影響を受けることもあるようです。

学校で調理するか給食センターか

学校給食は、作り方で三種類に分けられます。単独校方式と共同調理場方式、それに外部委託方式です。

単独校方式は、それぞれの学校の給食室で調理します。共同調理場方式は、いわゆる給食センターです。いくつかの学校の分を、地域の給食センターでまとめてつくり、各校に配達します。外部委託方式は、外部の民間業者が調理して学校に届けるというものです。

一九九六年、学校給食が原因の病原性大腸菌O－157による集団食中毒が大阪府堺市で発生しました。厚生省（当時）によって原因とされたカイワレダイコンは、堺市が一括購入して、各校に配達し、各校で調理されたものでした（カイワレダイコンを生産した施設への立ち入り検査が行われましたが、O－157は検出されず、風評被害を受けたとしてこの業者らが国を相手に訴訟を起こしました）。

学校給食を単独校方式で調理するには、お金がかかります。このため、財政切り詰めの観点から給食センターに一本化しようと計画する自治体もあるのですが、各地で保護者の反対に直面しています。

給食センターだと、調理に時間がかけられないため、機械による大量調理になり、冷凍加工食品が多くなり、生鮮野菜が少なくなる。配達に時間がかかって冷めてしまう。給食がつくられる様子が見えず、子どもたちへの教育の意味がない……これらが反対の主な理由です。財政面からの合理化を考える行政と、給食の教育面から反対する保護者という構図が続いています。

学校給食廃止論で大論争に

学校給食をめぐって、社会的な大論争になったことがあります。一九九二年のことです。埼玉県庄和町《しょうわまち》（現・春日部市）の町長が、町立の小学校、中学校の学校給食を全面的に廃止する方針を打ち出したことがきっかけでした。この方針に対して廃止反対運動が盛り上がり、給食の意味について、全国的な論争にまで発展しました。

廃止論自体は、行政改革の一つとして考えられましたが、庄和町の町長としては、それにとどまらず、学校給食の廃止をきっかけに、教育のあり方を町民に考えてもらおうと、いわば一石を投じようとしたようです。

町長の廃止論は、こういうことでした。

学校給食は食糧難の時代に始まったものだが、そんな時代が過ぎた現在、給食に意味があるのか。子どもの生活の基本は家庭にあり、子どもに何を食べさせるかは、家庭の責任ではないか。給食は母親を楽にさせるだけであり、住民を一方的に楽にさせている行政は、一流の行政とはいえない。弁当持参を原則とし、学校給食に支出していた予算で、図書館の開設や英語指導助手の増員などを予定したい。

この町長の考え方に、保護者は猛反対しました。町の有権者の七割が反対の署名をし、町議会は関連予算案を否決しました。町長は、給食廃止を打ち出した四カ月後に急死して、給食廃止の方針は撤回されました。

この廃止論は、庄和町に限らず、全国的な論争を呼び起こしました。「今の母親は手づくり弁当をつくる手間を惜しみ、給食に頼って手抜きをしている。給食廃止は勇断だ」「給食で全員が同じものを食べさせられているのは権利の侵害だ。個人が食べたいものを食べられるようにすべきだ」「母の愛情弁当の意義を再認識すべきだ」など、さまざまな観点から町長を応援する意見が出ました。

その一方で、「母親に一方的に犠牲を強いるのは時代錯誤だ」「食糧難は終わっても、学校給食の教育的意味はある」「弁当持参にしたら、片寄った栄養のものになる」など、反対論もさまざまなレベルで展開されました。

これ以降、ストレートに給食廃止の方針を打ち出す自治体はありませんが、新設校では学校給食をしないというところもあります。

また、給食か弁当持参かを選択するスタイルのところもあります。給食を食べるときには、あらかじめ申し込んでおくというものです。さらに、複数の献立をつくって子どもが選べるようにしたり、バイキング方式を導入したりした学校も出ています。

給食廃止論の是非《ぜひ》はともかく、「学校給食は当たり前」と考えてきた私たちに、「学校給食は何のためにあるのか」と改めて考えるきっかけとなりました。

横浜市、堺市の公立中学には給食がない

文部科学省の二〇一〇年度の調査によれば、**学校給食の実施率は、小学校で九九・二%、中学校で八五・四%**となっています。一九九〇年代には六〇%台だった公立中学校での実施率も二〇〇九年には八〇%を超えました。

学校給食法に「義務教育諸学校の設置者は、当該義務教育諸学校において学校給食が実施されるように努めなければならない」とあり、各自治体が給食を導入した結果です。全国に二〇ある政令指定都市のうち、**公立中学校で給食をまったく実施していないのは、堺、横浜、神戸**（二〇一四年度中に一部実施、二〇一五年度中に全校で実施）、**川崎**（二〇一六年度より導入予定）**の四市だけ**となっています。

ただ、学校に給食室をつくるにしても、給食センターをつくるにしても、その維持費も含めて莫大《ばくだい》なお金がかかります。財政が厳しい自治体では、最もお金のかからない外部委託方式による給食を導入することになります。

外部委託方式の場合、ご飯は学校の保温庫で温かさを保ちますが、おかずは食中毒対策で温められず、冷えてしまいます。このためか、大阪市の公立中学校では、**弁当か給食かを選べる「選択制」**が二〇一二年度から始まりましたが、給食の申し込み率は一〇％前後と低迷。神奈川県相模原市でも、二〇一〇年度に五九％だった給食の利用率が二〇一二年度には一〇％も下がって四九％となっています。

給食の利用率が上がらない理由としては、「予約が面倒」「苦手な食べ物がある」「おいしくない」など。保護者にとっては弁当をつくる手間が減って助かりますが、子どもたちの弁当人気は根強いようです。

そんななか、大阪市は二〇一四年度の新一年生から「全員給食」に移行しました。

コンビニの弁当をもっていかせる親も

今の子どもたちは、飽食《ほうしょく》の時代といわれるなかで、インスタント食品や清涼飲料水をとりすぎているという現状があります。家庭でも、家族揃っての食事という風景が少なくなり、家族がバラバラの時間に冷凍食品やインスタント食品で済ませるということも多くなりました。

幼稚園や保育園で弁当持参のところでは、子どもにハンバーガーをもたせたり、コンビニのおにぎりや弁当を渡したりというケースも珍しくありません。こうした現状を見ている保母や先生のなかから、「今のような時代こそ、子どもたちの栄養補給のために学校給食が必要だ」という声も出ています。飽食やグルメブームのなかで、「現代版食糧難」とでもいうべき現象が広がっているのです。

〝豊かな〟時代に、学校給食の意義が改めて見直されるというのは、なんとも皮肉な気がします。

その一方で、学校給食が原因のO－157やノロウイルスによる食中毒は、子どもたちが被害者ですから、生死に関わる重大な事件に発展しやすく、被害人数も大規模になります。一層の安全対策が求められています。

食物アレルギー対策も大きな課題に

さらに最近は、食物アレルギーが学校現場で大きな問題になっています。

二〇一二年には、東京都調布市で小学五年生の女生徒が給食をおかわりした際、誤ってアレルギー食品を食べてしまい死亡する事故が発生しました。

文部科学省の調査によれば、全国の公立の小・中・高校で、二〇〇七年に約三三万人（全体の二・六％）だった食物アレルギーのある生徒の数は、二〇一三年には約四五万人（全体の四・五％）に増えています。

そのなかには、**「アナフィラキシー」**と呼ばれる呼吸困難や腹痛、じんましんなどの症状を起こした経験がある生徒が約五万人含まれていました。また、アナフィラキシーの際に使用する自己注射薬「エピペン」を保持している子どもは約二万七〇〇〇人（全体の〇・三％）でした。

アレルギー食品を除いた「除去食」や、別の食品で栄養を補う「代替食」を用意するなど、子ども一人ひとりの実情に応じた配慮をすることが学校給食に求められてきています。

と同時に、生徒がアレルギー症状を発症したときの先生の対応訓練も不可欠です。調布の事故では、先生がアレルギー薬を注射することをためらったことも生徒の死亡につながったと分析されています。

放射能汚染問題が給食にも波及

二〇一一年の福島第一原子力発電所の事故によって、食品の放射能汚染が問題になりました。給食に対しても保護者から不安を訴える声が相次ぎ、使用食材に含まれる放射性物質の有無や量を検査したり、産地を表示したりする自治体が増えました。

ただ、検査方法は、提供前に使用する食材を調べたり、提供後に一日分の給食をミキサーですりつぶして調べたりと、自治体によってさまざま。頻度も異なります。

給食食材から放射性物質が検出された場合の対応も、自治体によって異なります。たとえば二〇一二年四月、川崎市教育委員会が給食で提供予定だった冷凍ミカン（神奈川県産）の検査で、一キロあたり九・一ベクレルの放射性セシウムが検出されました。ただ、国が流通を認める基準は同一〇〇ベクレルで、大幅に下回っていました。

横浜市教育委員会は五〜七月、市立小学校計約二〇万人分の給食で月一個ずつ冷凍ミカンを出す予定でしたが、川崎などの検査結果が報じられ、市教委には中止を求める保護者らの電話が相次ぎました。提供開始二日前までに約二〇〇件。市教委は検査をしないまま即座に提供中止を決めました。

その結果、市立小学校の給食用に納入業者が調達した冷凍ミカン約六〇万個の引受先が見つからず、業者の冷凍庫で眠ったまま廃棄が決まり、市が約二七〇〇万円を負担することになりました。「もう少し慎重な対処が必要だった」と、横浜市の林文子市長は定例記者会見で謝罪しました。一方の川崎市は九月まで月一回の提供を続けました。

保護者のなかには、「給食では不安。わが子には弁当を持参させたい」と考える人もいます。そうしたなか、給食があっても弁当持参を許可する自治体も出てきました。

たとえば東京都文京区は、区立小学二〇校、中学一〇校の全校で給食を実施していますが、二〇一二年四月から保護者からの要望があれば、弁当の持参を認めるようになりました。保護者が学校長に学校給食の「辞退届」を提出すれば、相談のうえ、給食を停止。停止が許可されれば、給食費は払わなくて済むようになっています。

いつか「食育」が教科になる？

学校給食は教育の一環だと述べましたが、近年、よく聞くようになったのが「食育」という言葉です。

二〇〇五年に「食育基本法」が制定され、生徒の栄養指導や管理を主に行う「栄養教諭」が学校に配置されました。給食の時間はもちろん、家庭や保健体育、総合的な学習の時間などを通じて、食に関する指導が行われています。

翌二〇〇六年には「食育推進基本計画」が、さらに二〇一一年には「第二次食育推進基本計画」が策定されました。「第二次」のなかには、一一・六％いる朝ごはん抜きの子どもをゼロにする、学校給食に地場の産物を使用する割合を二六・一％から三〇％以上に高める、といった目標値が掲げられています。二〇一五年度までの達成をめざしています。

文部科学省は、学校で食育を指導するための「食生活学習教材」をすでに作成していますが、さらに、食育に意欲的に取り組んでいる学校を「スーパー食育スクール（ＳＳＳ）」に指定したり、食生活の重要性を学ぶ「食育の教科書」をつくったりすることも、有識者会議などで検討しています。いつの日か、食育が教科になる日がくるのかもしれません。

第10章

学校制度の新潮流

―「公立」も中高一貫校が人気―

ピカピカの一年生は「三五人学級」

二〇一一年度から公立の小学一年生のクラスは「三五人学級」になりました。しかし、ほかの学年は「四〇人学級」のままです。なぜでしょうか。

理由の一つは、三五人学級を実現した民主党政権から自民党政権に変わったから。安倍政権の「教育再生」では、少人数学級はあまり重視されていないようです。

四〇人学級とは、クラスの定数の上限を四〇人にするという意味です。たとえば、ある小学校の学年全体の人数が一二〇人だとすると、一二〇割る四〇で三クラスになります。これが一人増えて一二一人になると、三クラスでは四一人のクラスができてしまいます。これは認められないので、一クラス増えて四クラスになり、三〇人のクラスが三つと、三一人のクラスが一つになるというわけです。

ですから、四〇人学級といっても、実は一クラス四〇人になることは、ほとんどありません。実際、小学校のクラスの人数は平均二八人、中学校は平均三三人となっています。多くの小・中学校では三五人学級がすでに実現しているのですね。

それでも世界の先進国と比べると人数が多いほうで、ＯＥＣＤ（経済協力開発機構）平均は、小学校が二一・二人、中学校が二三・三人となっています（『図表でみる教育二〇一三年版』）。

先進国の多くの小・中学校では、一クラス二〇人前後で授業が行われているのです。

なぜ「三〇人学級」にできないか

私自身は、第一次ベビーブーム世代のすぐ下になります。学校建設が間に合わず、校庭にプレハブ校舎を建ててしのいだり、二部授業といって、小学校の低学年は午前中の授業、高学年は、低学年と同じ教室を使って午後から授業をしたりというのが当たり前だった世代です。

一クラスの人数も五〇人でしたから、クラスの人数が減って先生の目が常に全員に行き届くようになると、息が詰まる思いをする子どもも出てくるのではないかと心配になってしまいます。

しかし、一般論としては、一クラスの人数が少ないほうが先生もきめ細かな指導ができ、子どもも発言機会が増えるなど、より積極的に授業を受けられるようになってよいということでしょう。グループ学習など、学び合いや話し合いといった、これから求められる学力をつけるのにも適していることは間違いありません。

それは、みんながわかっていることなのですが、なかなか実現しません。お金がかかるからです。「三〇人学級」、つまり**全国の学級基準定数を三〇人にすると、先生の人数や学校の設備や備品を増やすのに、新たに兆の単位のお金がかかる**といわれています。

全国民が「ほかの予算は削っても、教育にお金を使ってほしい」と要求すれば可能なのですが、国にお金がなく、公務員の人数も減らしていこうという財政再建の流れのなかでは実現が難しいというのが現状です。

ただ、国全体ではできないとしても、県単位なら、市区町村単位なら、少人数学級を実現することができます。

全国学力テスト一位の常連、秋田県は、二〇〇一年度から少人数学級を導入し、二〇一三年度には小学一〜四年生と中学一・二年生で三〇人程度学級を実現しています。山形県は、二〇〇二年度から少人数学級を導入し始め、二〇一一年度には小学校全学年と中学校全学年で二一〜三三人学級を実現しています。

こうした取り組みもあって、全国のクラスの平均人数が四〇人よりもかなり少なくなっているのです。

一つの授業で二人以上の先生が指導

少人数学級はお金がかかるということで、文部科学省は一九九三年度から、児童生徒の多い大規模校を中心に先生を定員より多く配置する「加配」を行うことで、**「習熟度別少人数指導」**と**「ティームティーチング（TT）」**を進めました。

習熟度別少人数指導というのは、習熟、つまり授業の理解の早い子と遅い子を別々に分けて、一つの授業で二人以上の先生が指導することです。習熟度に合った少人数に対して指導ができますから、理解の遅い子の習熟度も上がるというわけです。

文部科学省は「ティーム」というのですが、これは「チーム」のことで、チームティーチングです。学級担任だけでなく別の先生も加わって二人以上のチームで教える授業です。

どちらも教え方の改革という積極的な意味がありますが、その一方で、児童生徒の数の激減対策という側面もありました。子どもの数が激減するなか、四〇人学級をそのまま維持していては先生が余ってしまいます。だからといって、先生をクビにするわけにはいきません。

一気に「三〇人学級」を実現したくても、財布のヒモを握った財務省が認めません。そこで、学級定数は変えないまま、各校に配属される先生の定数を少しずつ増やすという形をとっているのです。

この形で先生の定数をゆるやかに増やしながら、将来子どもの数がもっと減った段階で、文部科学省は三〇人学級へと一気に舵を切るのではないかと私は睨《にら》んでいます。

しかし、それはまだ先のこと。実現できるまでの〝つなぎ〟的な役割を期待されている習熟度別少人数指導とチームティーチングですが、もちろん、それ以上の積極的な意味があります。それは、これまでの「学級王国」を打破する可能性があるからです。

「学級王国」から「学級共和国」へ

これまでの日本の学校は「学級担任制」でした。小学校ですと、一人の先生が一つのクラスの子どもたちに対して全教科を担当します。それも、学習指導だけでなく、生徒指導も担当するシステムです。その先生の教え方が未熟だったり、問題があったりしても、ほかの先生は遠慮して口を出しません。クラスが、まるでその先生の王国のようであることから**「学級王国」**と呼ばれます。

しかし、先生によって、教科の得意不得意は当然あります。完全な指導には無理があります。先生の不得意な教科は、子どもたちも不得意になるという可能性もあります。

新学期に、小学生の保護者が「今年の先生は当たりだわ」とか、「はずれでがっかり」とか言い合うのも、一人の先生が全部教える仕組みになっているからでしょう。

そこで、何人かの先生で一緒に教えようというのが、習熟度別でありチームティーチングです。これなら、それぞれの先生が得意な教科を分担して教えることも可能になります。自分のクラスの子どもたちの様子を、ほかの先生も観察することができます。こうしたことから「学級王国から学級共和国へ」と表現する人もいるのです。

チームを組んで教える

チームティーチングは、言葉のとおり、複数の先生がチームを組んで児童生徒を教えることです。そもそもは一九五七年、アメリカで始まりました。日本では、具体的にどんな教え方をしているのでしょうか。

すぐにイメージするのは、一クラスに二人の先生がいる姿でしょうか。でも、それだけにとどまらないのです。さまざまなスタイルがあります。

まずは、二人の先生が一クラスを教えるスタイル。たとえば、小学校の算数ですと、二人の先生がお芝居をします。
A先生「私はきれいなリボンをこんなに買ったわよ。素敵でしょ」
B先生「あ、いいなあ。私もほしいわ。いくらだったの?」
A先生「二メートルで三〇〇円だったわ」
B先生「私は二メートルもいらないなあ。一・五メートルでいいわ」
A先生「だったら、いくらお金をもっていけばいいの?」
子どもたちが先生のお芝居を見ているうちに、算数の問題に取り組んでいるというスタイルです。
一方、理科が不得意な先生と社会が不得意な先生が組んで、二クラス合同の授業を行うこともできます。得意な先生が中心になって教え、不得意な先生が補助に回るというスタイルも考えられるのです。
習熟度別少人数指導も、チームティーチングでできます。学年を習熟度によって三つのグループに分けて、それぞれを複数の先生で教えることもできます。
さらに、子どもたちをいくつものグループに分け、それぞれが地域のことについて調べる課題を与え、複数の先生がグループのいくつかを分担して見て回るという指導の仕方も考えられます。

こうしたチームティーチングの方法は、全国でさまざまな取り組みが行われていて研究会も開かれています。こうした取り組みを見ると、チームティーチングには、単なる三〇人学級への〝つなぎ〟にとどまらない、大きな可能性があることがわかります。

一人ひとりの先生が「学級王国」のなかに逃げ込むことができず、先生同士が切磋琢磨してより良い指導法を開発していくことが求められるからです。複数の先生が子どもたちを見ることで、担任の先生と合わなかった子どもの良い面を、別の先生が発見する可能性もあります。

チームティーチングは、もっとも現実的であると同時に、先生が不断に勉強しなければならない条件をつくりだすという意味でも、すぐれた方法なのかもしれません。

「幼小連携」は小一プロブレム対策

小学一年生だけ三五人学級になったのには、学級崩壊の低年齢化による「小一プロブレム（小学生になったばかりの一年生の教室で、児童が授業中に座っていられない、教師の話を聞けないといった状態が続き、学級がうまく機能しない問題のこと）」も背景にありました。クラスの人数が減れば、それだけ子どもの問題行動に対処できるようになります。

それ以外にも幼稚園や保育園から小学校へスムーズに移行できるように**「幼小連携」**が進められています。幼稚園や保育園の年長の児童が小学校に実際に行く、卒園児が年に数回、幼稚園や保育園を訪れて小学校生活の話をする、授業時間の四五分間を一つの活動の単位にする、「長い針が3になったら、お片づけを始めてください」といった時計を使った指示をすることで計画的に行動できるようにするなどです。

幼稚園や保育園の先生と小学校の先生が意見交換したり、児童の特徴などの情報を交換したりしているところもあります。

ただ、公立の幼稚園や保育園とは進んでいる幼小連携ですが、私立幼稚園とはあまり進んでいません。全国の幼稚園の八割以上が私立ですが、その私立幼稚園への対応窓口がない市町村が四割以上もあり、教育委員会が所管しているところが三割、首長部局が所管しているところが一・五割となっています。

役所に窓口がない、教育委員会の所管ではないというのが、私立幼稚園との幼小連携があまり進んでいない原因の一つなのです。ほとんどの子どもが公立の小学校に入るのですが。

なぜ小中一貫校が増えている？

小一プロブレム対策として幼小連携が進められているのと同様に、「中一ギャップ」対策の一つとして行われているのが、**「小中連携」**や**「小中一貫教育」**です。

中一ギャップとは、小学校と中学校の違い——学習スピードや定期テスト、先輩後輩関係などにうまく適応できずに不登校になったり、問題行動を起こしたりする中学一年生が増えたことを指しています。

朝日新聞の二〇一三年の調査によれば、公立の小中一貫校がすでに全国に一〇〇校あり、小中一貫教育を進める目的としては「学力向上」と「中一ギャップの解消」があげられています。

東京都品川区では、二〇〇六年から全区立小・中学校で小中一貫教育が行われています。「小中一貫教育要領」を独自に定め、九年間を四年・三年・二年に区切って教育計画を立てています。通常、中学生からの教科担任制が小学五年生から導入され、品川区の結果では、不登校の人数は減っています。

自民党の教育再生実行本部は、小中一貫の「義務教育学校」をつくることを提言していますし、教育再生実行会議でも「六・三・三・四制」の見直しが議題にあがっています。

学力向上や中一ギャップの解消が、小中連携や小中一貫教育の表の理由だとすると、裏の理由が**「学校の統廃合」**と**「公立離れ」**の問題です。

朝日新聞の調査でも、開校の経緯として統廃合計画をあげる学校が地方に多くありました。児童生徒数の減少で単純に学校を統廃合するというよりも、小中一貫校に衣替えするというほうが前向きな印象を与えますからね。二〇一一年度、廃校になった公立の小学校は三二三校、中学校は九三校、高校は五〇校、特別支援学校は八校でした。

都市部では、私立中学に入学する公立離れを食い止めるために、小中一貫校を導入する傾向があります。近年、東京都の公立中学校への進学率は八〇％前後。**五人に一人は私立、または国立の中学校に進学しています。**受験者はそれ以上にいるはずですから、四人に一人、地域によっては三人に一人が中学受験をしている計算になるのです。

中高一貫校には三つのタイプがある

幼小連携、小中一貫とくれば、次は「中高一貫」です。中高一貫と聞くと、神戸市の灘《なだ》中学校・灘高等学校などの私立の進学校をイメージする人が多いかもしれません。しかし現在は、公立にも広がっています。中高一貫校には、**「中等教育学校」「併設型」「連携型」**の三つのタイプがあります。

中等教育学校は、文部科学省の局の説明で述べたとおり、中学校と高校の教育を示す「中等教育」の学校という意味で、六年教育を行う学校です。中学・高校の区別はなく、ほかの学校に転校することはできますが、途中から入学することはでき

■公立の中高一貫校数の推移

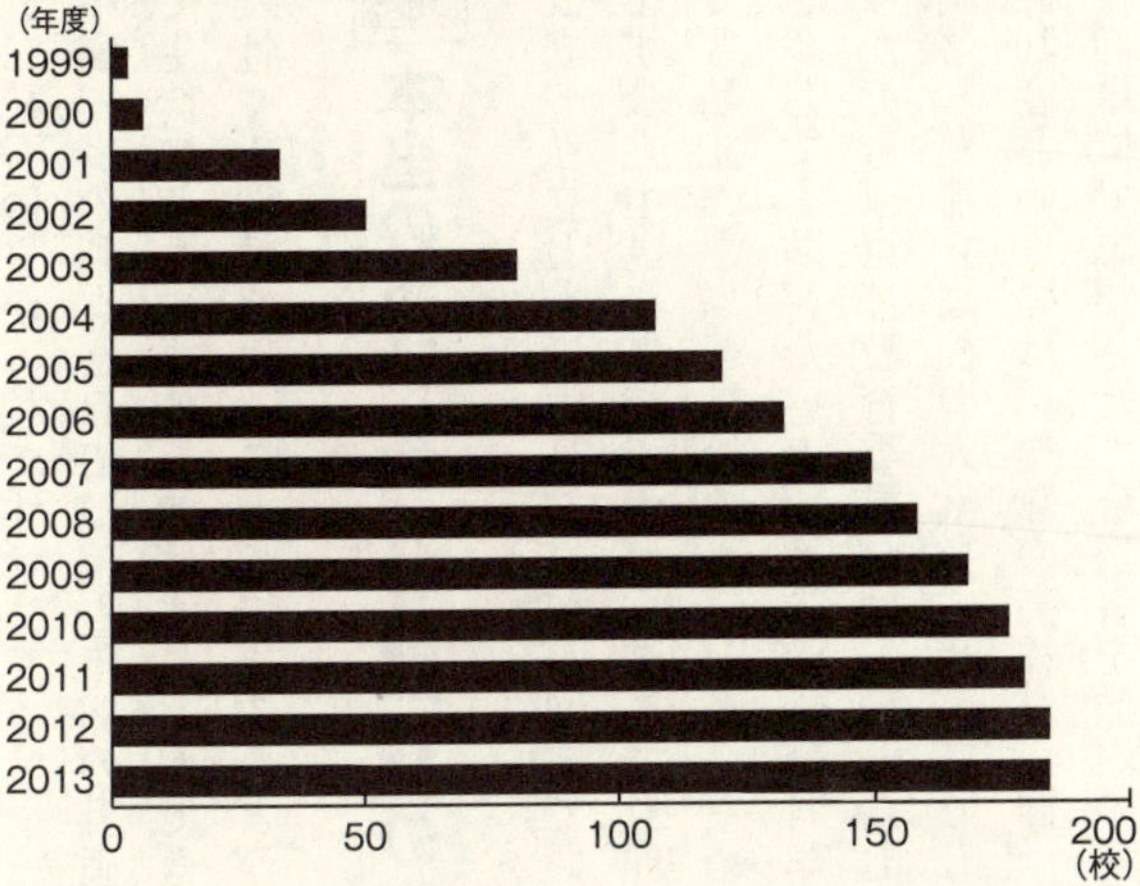

ません。

併設型では、中学校と高校の設置者は同じですが、中学と高校は別ものです。そのため、中学で入学してエスカレーター式に高校に進む生徒がいる一方で、高校から入学する生徒もいます。最近増えているのはこのタイプです。

連携型は、市区町村立中学校と都道府県立高校など、設置者が違う学校が、先生や生徒の交流などで連携を深めて中高一貫教育を行います。

二〇一二年度、中等教育学校が四九校、併設型が三〇九校、連携型が八三校あります。公立は一八四校、私立が二五二校、国立が五校です。

中高一貫の利点としては、六年間の計画的・継続的な教育ができる、六年間のなかで生徒の個性や才能を伸ばすことができる、学年の違う生徒同士の交流が増え、社交性や人間性を磨くことができるなどがあげられています。

本当の狙いは「公立離れ」の食い止め

公立、私立ともに中高一貫校が増えているのには、それぞれの思惑があります。

まず公立中高一貫校ですが、ここでも理由は「公立離れ」です。私立中学校、なかでも私立の中高一貫校の人気が高いため、公立でも中高一貫校を増やして公立離れを少しでも防ぎたいというのが文部科学省や教育委員会の本音でしょう。

なかでも東京都教育委員会は、一九六七年度から導入した「学校群制度」によって凋落《ちょうらく》した都立高校の人気を、ぜがひでも復活させたいという思いがあります。学校群制度というのは、複数の高校を「群」としてまとめ、受験生に特定校ではなく学校群単位で志望させ、合格者を群内の各校に成績順に均等配分するという制度です。

都立高校の格差をなくして平等にしようという趣旨でしたが、人気の高かった日比谷高校や戸山高校、西高校といった進学校に優秀な生徒が行きたくても行けなくなり、結果、こうした進学校の大学進学実績も急激に下がりました。都立高校の東京大学の合格者は激減しました。

成績がどんなに優秀であっても行きたい高校に行けないのですから、なんとも理不尽な制度です。ならば私立に行こうという生徒が増えたのは当然のことでした。

学校群制度は一九八二年に廃止されますが、都立高校は以前のような人気、大学進学実績には戻っていません。東京に限らず、都市部では私立人気が続いています。これを打破できるのが公立中高一貫校なのではないかと、にわかに期待を集めているのです。

一つは学力向上です。二〇〇五年度に東京都立で初めて中高一貫校となった白鷗《はくおう》高等学校・附属中学校で六年間学んだ最初の卒業生が、二〇一一年度、東京大学に五人合格しました。これは、〝白鷗ショック〟と呼ばれています。

中高一貫校は、六年間のなかで自由にカリキュラムを組めます。中学と高校でダブっている内容もありますから、そこを省くことで効率的に学習することができます。極端にいえばですが、五年間ですべてを教えて、最後の一年間を大学受験の勉強にあてることもできるのです（白鷗がそうしたという意味ではありません。念のため）。

公立ですから、私立と比べて学費が圧倒的に安いという魅力もあります。詳しくは次の第11章で述べますが、保護者の所得や学歴が子どもの学習意欲ひいては学力に反映し、教育における「階層差」をもたらす、ということが近年いわれるようになっています。公立中高一貫校にはこうした「教育格差」是正の切り札になるのではないか、という期待も寄せられています。

また、**義務教育の公立の中学校に入るということで、入学試験がありません。**公立の中高一貫校をつくるとき、そのための学校教育法の施行規則がつくられました。そこには、「公立の中高一貫校は、中学入学者の決定に当たり、学力検査を行わない」と書かれています。

義務教育の公立だから、学力で生徒を選抜するのはマズいというわけです。とはいえ、人気校には定員の何倍もの志望者が集まります。何らかの方法で選抜を行わなくてはなりません。そこで導入されたのが「適性検査」というものです。

「適性検査」では何が問われる？

公立中高一貫校の入学希望者に課せられるのは、基本的に、在籍する小学校の成績の提出と、「適性検査」の受検だけです。

適性検査では、生徒が中高で学ぶために必要な思考力や判断力、表現力といった総合的な「適性」を検査します。どういった内容なのか、実際に出た問題を見てみましょう。あなたも答えを考えてみてください。

> 問　体が不自由な人のための駐車場に、カラーコーンを置くことがあります。これについて、賛成意見と反対意見の理由をそれぞれ書きなさい。
> （出典：千葉県立千葉中学校）

たしかにこうした問題なら、従来型の受験知識や学力はあまり関係ありません。

体が不自由な人のためにカラーコーンを置くことのメリットとデメリットを「想像して、説明する」ことが求められています。

賛成意見としては、「カラーコーンを置くことで、一般の人が勝手に車を止めることを防止でき、体の不自由な人がその駐車スペースを使える」。反対意見としては、「体の不自由な人が、カラーコーンをどかさないと車を止められないので不便になる」といった答えが考えられます。

ほかにも思考力や観察力、判断力、図解化力、分析力などが問われる問題が出されています。序章で述べたPISA型学力に近いといえるかもしれません。これまでの学力検査とはたしかに違いますが、これも学力なのではないかという批判があります。

また、**公立の中高一貫校が誕生したことによって、中学受験をする児童が増え、「受験の低年齢化」がさらに進みました。**「中学から私立に行かせるとお金がかかる」と中学受験を考えていなかった保護者も、「公立なら」と子どもの受検を積極的に考えるようになったからです。競争倍率が十数倍という学校もありますから、受験戦争ならぬ「受検戦争」がすでに勃発《ぼっぱつ》しているといえます。

人気の公立中高一貫校に入るために塾通い

公立の中高一貫校に入りたい生徒が増えれば、学習塾はその需要に答えるために適性検査対策を商売として行うようになります。すでに、適性検査を受検（受験）するための専用コースを設けている学習塾が出てきていますし、小学校の成績も合否を左右するため、補習目的のプログラムを強化している塾もあります。

書店の学習参考書コーナーに行けば、公立中高一貫校対策の問題集やガイド本が並んでいます。塾に通う子どもとそうした参考書で独学する子どもを比べれば、明らかに前者のほうが合格しやすいでしょう。塾に行くお金のある家の子のほうが受かりやすく、お金のない家の子は受かりにくい。これでは教育格差の是正にはつながりません。

もう一つ、**中高一貫の学校が増えると、高校で受験できる公立学校が減少するという問題もあります。**中高一貫を選択しなかった子どもたちにとって、公立高校の入学枠が減少してしまうのです。選択肢を増やすことを目的に導入された公立中高一貫校が、逆に狭めるという現象を生み出してしまっているともいえるわけです。

有名私立大学が中高一貫校をつくる理由

公立中高一貫校の人気に危機感をもったのが私立高校です。中高一貫校に入ってしまえば、高校受験をしません。それだけ優秀な生徒が入ってこなくなりますし、受験者数も減ってしまいます。ただでさえ子どもの数が減っているのですから危機感をもつのが当然で、私立の中高一貫校が増える一因となっています。

なかでも私立大学の附属校や系属校の中高一貫校が増えています。系属校というのは聞きなれない言葉ですが、もともとあった学校を系列として取り込んだ学校のことです。

早稲田大学なら、早稲田大学高等学院中学部・高等学院が附属校。大阪の早稲田摂陵中学校・高等学校、早稲田佐賀中学校・高等学校（その名のとおり佐賀県にあります）などが系属校です。早稲田実業学校は、初等部・中等部・高等部とありますから小中高一貫の系属校なのです。

上智大学は福岡に、中央大学は横浜に中高一貫校をつくりましたし、関西大学や関西学院大学、立命館大学なども関西地方に中高一貫校をつくりました。

なぜ有名私立大学がこうした中高一貫校をつくるのでしょうか。表向きは、高校と大学の教育の連携を強化しようという「高大接続」や幅広い人材をその地域に合った形で教育するためということになっていますが、私は「青田買い」だと思っています。

少子化が進んで、大学受験者数は減る一方です。**全国の私立大学の四割が定員割れしています。人気の中高一貫校をつくれば、早い段階から生徒を確保することができるという思惑がある**のです。

附属校や系属校が増えると、大学受験で入る枠がその分減ることになります。「大学受験では入れそうにないし、高校、大学とエスカレーターなら楽だから」という理由で中高一貫校を受験する生徒が増えています。

しかし、本当に教育は一貫したほうが良い教育になるのでしょうか。高校受験や大学受験がなくなるために学習意欲が低下したり、中だるみが起きたりしやすいという批判の声もあります。

さまざまなタイプの学校をつくることで子どもたちの多様性を伸ばすはずが、逆に子どもたちの進路を早くから狭めてしまう結果になっていると思うのは私だけではないはずです。

「学校選択制」導入で学校間格差が拡大？

あなたが小学生や中学生の頃は、公立の学校に通う場合は「自宅の近所のこの学校」と決まっていて、選択の余地はなかったと思います。

今でも、教育委員会が定めた学区（通学区域）にある学校に通うのが原則です。ただ自治体によっては、居住地により定められた学校以外の学校も希望により選択できる**「学校選択制」**が導入されています。

文部省は一九九七年、「通学区域制度の弾力的運用について」という通知を出しました。保護者や子どもが学校を選択できるようにすることで、学校教育に対する関心が高まるとともに特色ある学校づくりが進むことが狙いでした。またこの頃は、不登校問題が顕在化し、そうした子どもに対する柔軟な対応ができるようにという目的もありました。二〇〇三年には学校教育法施行令が改正され、市区町村の教育委員会の判断によって学校選択制を導入できることが明記されました。

当初は、あまり導入されませんでしたが、二〇〇〇年代になってから導入する市区町村教育委員会が出始めました。現在はどうなっているのか、文部科学省の二〇一二年度の調査を見てみましょう。

小・中学校ともに、学校選択制を「導入していないし、導入を検討してもいない」が約八二％と圧倒的多数です。「導入しており、廃止の検討や今後の廃止の決定はしていない」が約一五％。学校選択制はそれほど広まっていないといえるでしょう。

実は、二〇〇六年度の前回調査では、小学校も中学校も「導入していないが、導入を検討中」が三割以上ありました。これが今回は約一・五％。つまり、導入を検討したけど、導入はしませんという結論になった市区町村が多いのです。

学校選択制を導入しない理由としては、「学校と地域との連携が希薄になるおそれがある」が約七五％、「通学距離が長くなり安全の確保が難しくなる」が約六〇％、「入学者が大幅に減少し、適正な学校規模を維持できない学校が生じるおそれがある」が約五五％。どれも、もっともな理由です。

また最近は、学校選択制をやめたり見直したりする自治体も少なからず出てきています。導入後、時間が経つにつれ、**各学校の風評が定着し、子どもの数に偏りが出てくるケースが少なくない**からです。一度悪い評判がたってしまうと、学校側が必死に努力してもなかなか評判というのは変わりません。また、立地や学校施設の点で有利な学校と不利な学校では当然人気に差が出ますが、これは先生たちにはどうすることもできないことです。

大阪市の橋下徹市長は二〇一四年度からの導入を決めましたが、大阪市でも二〇一四年度、小・中学校ともに導入する区は六区で、中学校のみ導入する区が六区、導入しない区が一二区と半数になっています。市長の指示に踊らされる教育委員会、混乱する学校ということにならなければよいのですが。

学校選択制でよく問題となるのは「学校間」の格差の拡大ですが、近年、子どもの教育に関するさまざまな「格差」が指摘され、議論されるようになっています。そこで次章では、教育にかかるお金と格差の問題について考えましょう。

第11章

教育費と格差

―子どもたちにもっと投資を！―

「子ども手当」は児童手当に逆戻り

「子ども手当」と「高校無償化」は民主党政権の目玉政策で、二〇一〇年度より実施されました。

子ども手当は、それ以前にあった「児童手当」を包括する形でつくられましたが、現在は、児童手当という名称に戻っています。なぜでしょうか。

もともとの児童手当制度は、一九七二年度からありました。当初は、三人目以降の五歳未満の子どもに月三〇〇〇円が支給されるというものでした。これが一九八六年からは二人目以降になり、一九九一年には一人目からとなりました。もらえる年齢や金額も年々少しずつ拡大してきました。

子ども手当との最大の違いは、扶養者に所得制限があったことです。子どもを育てる人たちのなかで一定の所得に達していない扶養者のための制度だったのです。

これが、子ども手当に代わって所得制限がなくなり、中学校を卒業する一五歳までの子どもがいる扶養者に一律に月一万三〇〇〇円が支給されました。自民党はこれをバラマキ政策だと批判して反対していたため、**二〇一二年度からは所得制限のある児童手当に戻った**のです。

民主党は、子ども手当を恒久的な制度として実施することをめざしていましたが、財源の確保ができなかったこともあり、時限立法という一年ごとに見直す法律になってしまいました。これでは、保護者たちは、翌年は子ども手当をもらえないかもしれないと思いますから、多くの家庭が使わずに貯金してしまいました。恒久的に毎年もらえると思えば、制度の狙いどおりに子どもの教育に使う人が多かったことでしょう。もう一人子どもを産もうという人も増えたかもしれません。

政治力がなかったといえばそれまでですが、残念な結果でした。

「高校無償化」も所得次第に

高校無償化は、「公立高等学校に係る授業料の不徴収及び高等学校等就学支援金の支給に関する法律」という長い名前の法律によって実施されています。公立高校の授業料を無償化し、私立高校に通う場合には授業料の一部を国が負担しますという制度です。

高校無償化といっても、無料になるのは授業料だけで、教科書代や制服代、修学旅行費、交通費などは保護者が負担しなければなりません。

また子ども手当と違って、こちらは子どもの扶養者が直接お金を受け取るのではなく、公立高校ならその高校の設置者である都道府県や市区町村が受け取ります。高校生のいる家庭に直接お金を配ると、親によっては家計の足しにしてしまう可能性があるからです。**支給額は、高校生一人につき年間一一万八八〇〇円**となっています。

私立高校も基本的には同額ですが、扶養者の世帯年収が二五〇万円未満なら二倍の二三万七六〇〇円、二五〇〜三五〇万円なら一・五倍の一七万八二〇〇円が都道府県をとおして学校法人などに支援金として支給されます。保護者は学校に年収を申告し、授業料から国の支給額を引いた分を授業料として収めるわけです。ちなみに、私立高校の平均授業料（年間）は約三八万円です。

この高校無償化も二〇一四年度入学者からは、「高等学校等就学支援金制度」となり、公立高校の場合も私立高校の場合も「年収が九一〇万円以上の世帯」は対象

■高校の就学支援金の支給額(2014年度~)

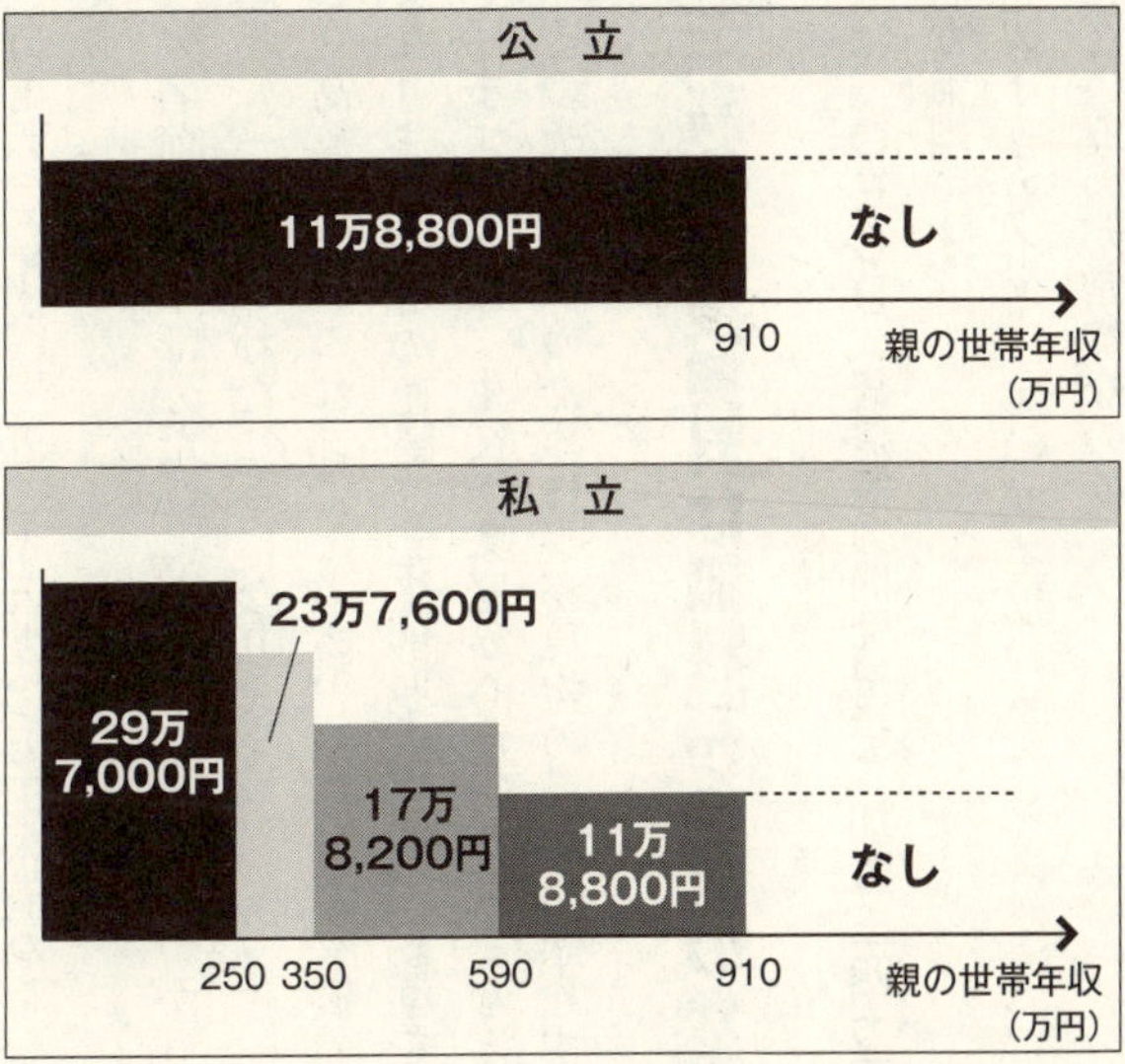

から外れることになりました。高額所得世帯ということですが、何とも微妙なラインで線引きが行われたといえるでしょう。この結果、無償化制度の対象となる生徒は、現在の約三六〇万人から約二八〇万人に減ります。

収入が九一〇万円以上の世帯を除外した分、私立高校に通う低所得者層の加算分が手厚くなりました。世帯年収が二五〇万円未満なら二・五倍の二九万七〇〇〇円、二五〇~三五〇万円未満なら二倍の二三万七六〇〇円、三五〇～五九〇万円未満なら一・五倍の一七万八二〇〇円となります。

長い名前の後半部分だけになったことでもわかるように、公立も私立の支援金の仕組みに一本化されたことになります。

公立高校では、これまでと違い、授業料が有償の生徒と無償の生徒に分かれることになります。そのため、「生徒同士の関係に悪影響が出る」と指摘する学校関係者もいます。また、生徒の家庭から所得証明書などの提出を受けることになりますが、そのチェックのために事務負担の増加を懸念する声もあるようです。

「高校の授業料は無料」が世界の常識

実は、OECD（経済協力開発機構）加盟三四カ国中、三一カ国は公立高校の授業料が無料です。

アメリカやイギリス、ドイツ、フランスなど、先進国では「高校の授業料は無料」というのが常識なのです。

これは、今から五〇年近く前の一九六六年、国連が国際人権A規約のなかに「中等教育・高等教育の漸進的無償化」を定めているからです。この規約を留保していたのは日本とマダガスカルの二カ国だけだったのですが、高校無償化を機に、二〇一二年、日本も留保の撤回を国連に通告しました。

高校はもちろん、高等教育である大学についても今後無償化を進めるという宣言だったわけですが、民主党政権から自民党安倍政権に代わって、二〇一四年度からは完全な高校無償化ではなくなります。この国連規約はどうするのでしょうか。

「高校は義務教育ではないのだから、親や保護者が授業料を払うのが当然。国民の税金を使う必要はない」と考える人もいるでしょうが、高校の進学率が四〇%台だった一九五〇年代ならいざしらず、九八%にまで達している現在、高校はほぼ義務教育化しているといえます。にもかかわらず、「高校は義務教育ではない」という理由で、高額所得世帯とはいえ個人負担を求めるのが「教育再生」なのでしょうか。

子ども手当も、高校無償化も、そのベースには、「社会で子どもを育てていく」という考えがありました。国民みんなでお金を負担して子どもにきちんとした教育を受けさせることができれば、優秀な子どもが多く育ち、彼らがやがて良き納税者となって日本を豊かにしてくれます。そうなれば、子どもがいない人も恩恵に浴することができます。

子どもの教育にお金をかけるということは、日本の未来に投資することです。「情けは人のためならず」ということなのです。

家庭の支出に支えられる日本の教育

ＯＥＣＤは加盟国に対し、一年半に一度、「経済審査報告書」をまとめ、各国政府に政策提言をしています。その二〇一一年の「対日経済審査報告書」では、日本の「教育システム」に関する提言も含まれていました。

ＯＥＣＤはまず、日本の教育は「量と質の双方の観点から極めて優れている」と絶賛しています。ただ、小・中学校への公的支出はＯＥＣＤ平均よりわずかに低く、「塾として知られる民間の課外施設での指導への費用などの高い民間部門の支出によって補われている」とあります。つまり、家庭がお金を出して子どもたちを塾に通わせることで高い学力を維持している、と分析しているのです。

ＯＥＣＤの調査によると、**日本で一五歳の生徒の七五％以上が課外授業（要するに塾）に参加していて、これはＯＥＣＤ加盟国三四カ国中、韓国に次いで二番目に多い比率**です。ＯＥＣＤ平均は三五％前後、一番低いフィンランドは一〇％強です。ＰＩＳＡで日本と上位を争うフィンランドは、公的教育がしっかりしているので、学校の授業だけで十分に学力がついている、というわけです。

また、日本の幼児教育・保育への一人あたりの支出はＯＥＣＤ平均よりも低く、しかも公的資金は四五・二％と半分もありません。残りの五四・八％は家庭が支出しています。私費負担割合は、ＯＥＣＤ加盟国で一番高い割合なのです。

日本では幼稚園と保育所を一体化する「幼保一体化」が進められていますが、関係者の利害が対立して、なかなか実現しません。ＯＥＣＤは幼保一体化を進めることで、保育所の教育の質が高まり、かつ幼稚園の余剰収容能力を活用することによって保育所不足を減らせるとしています。

それが女性の就業率低下の改善につながり、少子化にも好影響を与えるのだから、幼児教育・保育に対する公的支出を増やすべきだと提言しています。

日本の財政は厳しい状態にあり、早急に財政再建に取り組むべきとも同じ報告書にあったので、その点に矛盾はないのか、私は二〇一一年に来日したアンヘル・グリアOECD事務総長に聞いてみました。その答えは次のようなものでした。
「目の前に危機があるからといって、今日の教育予算を切ることは、明日の日本の成長を切ることになる」

教育機関への公的支出が国内総生産（GDP）に占める割合は、二〇一〇年、日本が三・六％、OECD平均が五・四％でした。比較可能な三〇カ国中最下位で、最下位は四年連続になります。

日本の幼児教育・保育から大学までの全教育段階の私費負担割合は、二九・八％と約三割にのぼります。OECD平均は一六・四％ですから、日本の教育が家庭に支えられている割合がいかに世界的に高いかがわかるでしょう。

授業料を親が負担している大学生は日本七三％に対し、米国二九％という調査結果もあります（クレジット大手VISA調べ／二〇一二年）。親の収入が伸び悩むなか、家計の負担は限界にきている気がしてなりません。

「孫への教育資金の贈与非課税制度」は誰のため？

家庭の教育費負担を減らすために、二〇一三年四月から二〇一五年一二月までの期間限定で認められているのが、**祖父母から孫への教育資金の贈与を一五〇〇万円まで非課税にする特別措置**です。

国がお金を出して家庭の負担を減らすのではなく、裕福なジジババ世代のお金で負担を減らそうというのです。裕福な祖父母が家計の苦しい現役世代を応援するのを助ける制度というと聞こえはいいですが、一部の富裕層の贈与税を免除する優遇税制と見ることもできます。

そもそも小学校や中学校に入学するときなど、その都度、必要な教育費を祖父母が出すことに対しては今も贈与税はかかりません。それなのに、わざわざこんな制度をつくるのは、財産を貯め込んでいる裕福な高齢者から子育て世代に資金を移転して、支出を増やし、景気対策にしようという思惑があるからです。

銀行などの金融機関が、裕福な高齢者を顧客に取り込もうと躍起なのを見ると、金融機関のための制度という側面もあるかもしれません。

東大生の親はお金持ちばかり!?「教育格差」問題

それでは、実際に子どもの教育費は、いくらかかるのでしょうか。

「学校教育費」「給食費」と、塾や参考書、習いごとなどの「学校外活動費」も含めて調べた文部科学省の二〇一二年度の調査によると、**幼稚園（三歳）から高校までの一五年間の教育費の総額は、すべて公立の場合は五〇〇万円ですが、すべて私立だと三倍以上の一六七七万円もかかります。**私立の中高一貫校を選んだら一〇〇〇万円前後かかる計算です。

ＯＥＣＤが指摘した塾などにかかる「補助学習費」は、小・中・高校とも保護者の世帯収入が上がれば上がるほど高くなっています。四〇〇万円未満の世帯と一二〇〇万円以上の世帯では二倍以上の開きがあります。

塾への費用を払えて、私立に通わせることができるほど経済的な余裕がある家庭の子と、経済的な余裕のない家庭の子との間に格差が生まれ、親の収入が学力や最

■出身高校別・東大合格者数ランキング(2013年)

私立　国立　公立

1位	開成(東京)	170
2位	灘(兵庫)	105
3位	筑波大附属駒場(東京)	103
4位	麻布(東京)	82
5位	東京学芸大附属(東京)	68
6位	桜蔭(東京)	66
7位	聖光学院(神奈川)	62
8位	渋谷教育学園幕張(千葉)	61
9位	駒場東邦(東京)	59
10位	栄光学園(神奈川)	52
11位	県立浦和(埼玉)	46
12位	海城(東京)	40
13位	ラ・サール(鹿児島)	40
14位	筑波大附属(東京)	38
15位	女子学院(東京)	37

終学歴に影響を及ぼしてしまうという現実が見えてきます。

二〇一三年の東京大学の出身高校別合格者数を見ると、国立の二校を除いて上位一〇位はすべて私立高校です。東京大学の学生の親の平均年収は、ほかの私立大学の学生の親より高くなっているという調査結果もあります。

収入の高い家の子は、将来、収入の高い親になる可能性が高まります。逆に、収入の低い家の子は、収入の低い親になり、その子どももまた十分な教育を受けられずに収入が低くなる。格差は再生産され、固定化されていくのです。

日本の子どもの六人に一人が「貧困」状態にある

こうした「教育格差」の問題は、不況が長引き家計が苦しさを増すにつれ大きく報道されるようになりました。

なかでも、子どもの貧困は深刻な状況です。厚生労働省の二〇〇九年の調査では、一人親世帯の子どもの貧困率は五〇・八％にものぼります。**子どもの貧困率も一五・七％**と少しずつですが上がっています。子どもの六人に一人が苦しい生活を強いられているのです。

経済的に困窮《こんきゅう》する家庭に学用品代などを補助する自治体の「就学援助制度」の支給対象となった小中学生の割合も、二〇一二年度は一五・六四％と過去最高を更新しました。一九九五年度の調査開始以来、一七年連続で上昇しています。

二〇一四年四月からは消費税が八％に上がりました。生活はますます厳しくなることが予想されます。貧困から抜け出すために必要な「教育」が、貧困であるがゆえに受けられないとしたら……。

OECDの調査では、「子どもの教育にお金がかかりすぎるため、子どもをもつことを躊躇《ちゅうちょ》する親が多く、出生率の低さにつながっている」と分析しています。

やはり、家庭環境に関係なく、どの子どもにも均等な教育の機会を与えるべきです。日本の教育をいつまでも民間の塾頼みにしていれば、この先も少子化がますます進み、その先に見えるのは衰退した国家の姿なのではないでしょうか。

授業無料＋お金がもらえるデンマーク

北欧の国デンマークは小学校から大学まで無料で教育を受けることができます。それだけではありません。学生給付金制度があり、なんとお金がもらえるのです。

高校生のときは親の収入や兄弟の有無、自宅から通っているか、そうでないかなどで金額が変わりますが、二〜一〇万円が毎月給付されています。**大学生には、一部例外があるものの、約一一万円が毎月給付されます。**

勉強するには書籍代などお金がかかりますが、アルバイトをしたら勉強に集中できません。一一万円あげるからアルバイトしないで勉強しろという制度なのです。大学まで無料で高等教育が受けられ、給付金までもらえるのですから、若者は国に感謝しています。だから成人になったら必ず投票に行くのです。投票率が八〇%を切ったことがありません。

私がデンマークの大学生にインタビューしたところ、選挙の日は、夜、テレビの選挙特番をみんなで集まって見るのが楽しみ。みんな投票に行っているので、自分が投票した人が受かったとか落ちたとか、どの政党が票を集めたとか、ビール片手にワイワイやるのが一大イベントなのだそうです。

消費税は二五%。軽減税率はなし。しかし、国民の大半は納得しているのです。

フィンランドはなぜ教育に力を入れたのか？

フィンランドでも、一人暮らしの大学生に月五〜七万円を援助する制度があります。文房具代や給食費、交通費なども国が面倒をみます。国をあげて教育に力を入れているのです。

しかしそんなフィンランドも、ほんの二十数年前までは、さほど教育熱心な国ではありませんでした。

東西冷戦後、ソ連が崩壊してロシアになりましたが、ロシア経済も崩壊したため、フィンランドから隣国ロシアへの輸出は激減。フィンランド経済は悪化し、失業率は二〇％に及ぶほど上昇しました。フィンランド人の多くがほかの北欧諸国に出稼ぎにいくような状況が一九九〇年代まで続いていたのです。

この**国家の危機に教育大臣に任命されたのが、なんと当時二九歳の元中学校教師、**オッリペッカ・ヘイノネン氏でした。彼はこれからの教育はどうあるべきかを合理的に考え計算します。失業手当や生活保護費といった社会保障費がこのままだと将来どれだけになるか。ものすごい金額になることはすぐにわかりました。

一方で、学校教育を全部無料にして学力を高めれば、就職できる人が増え、失業手当も生活保護費も減らすことができます。しかも、就職できれば働いて税金を納めることもできます。

ならば現在、財政赤字の状態であっても、できるだけ教育にお金をつぎ込んで、よき納税者を育てよう、次の世代に希望を託そうという国民の合意が形成され、教育改革を推進しました。ちゃんと働いて国に税金を納める人材を育てると決めたのです。

こうして**教育という形で人に「投資」したことで、研究開発が活発になり、情報通信という新たな産業が育ち、たくさんの雇用が生まれました。**ノキアは、その代表です。こうしてフィンランド経済は劇的によみがえったのです。

働きたくても働けない世界の若者

日本国憲法のなかには三つの義務があります。「教育の義務」「勤労の義務」「納税の義務」です。日本においても、教育を受け、働き、税金を納めることは国民の義務なのです。日本国を成立させるためにはお金がいります。そのためには国民が働いて税金を納める必要があるのです。

働いて給料を稼ぐということは、人間一人ひとりにとっても大事なことなのです。

アフリカや中東はもちろん、アメリカやヨーロッパでも、若者が働きたくても働く場所がないという若年者の失業問題があります。ＯＥＣＤによると、二〇一〇年の若年失業率は、フランスが二二・五％、イギリスが一九・一％、アメリカが一八・四％となっています。

元気で健康で働く意欲もあるのに働けないことは絶望につながります。自分が社会から否定されているように感じ、仕事の知識や技術を身につけられず将来不安も高まるからです。これが、若者が過激な行動や思想に走っていく一つの理由にもなっています。

日本も人ごとではありません。二〇一一年の若年失業率は八・二％と、全世代の四・六％よりも高くなっています。非正規雇用者の占める割合は三二・三％。フリーターも増え、一五〜二四歳が八三万人、二五〜三四歳が九三万人、合計で一七六万人もいます。さらに、「ニート」と呼ばれる若年無業者が約六〇万人いるといわれています。

仕事のない若者が過激な言動に走る。最近のネット右翼やヘイトスピーチなどの過激なナショナリズムの高まりとの関連を指摘する声もあります。

幸せな中高生が日本の希望

教育格差、子どもの貧困、若年失業率の悪化、過激なナショナリズムなど、どれも世界共通の問題だといえるでしょう。世界中、どこの国も大変です。「理想の国」があるわけでも「たった一つの正解」があるわけでもありません。

日本は、日本社会のなかで、日本ならではの教育をして、この国を支える未来の日本人を育てていくしかないのです。

本書の最後に、日本の教育を受けている子どもたちは絶望するどころか、幸福を感じるように変わってきているというデータを紹介します。

『NHK中学生・高校生の生活と意識調査2012』（NHK放送文化研究所編、NHK出版）には「今どきの中高生」の姿が、さまざまなデータとともに記述されています。

「あなたは今、幸せだと思っていますか」という問いに、「とても幸せだ」と答えた中学生が五五％と半数以上いて、高校生も四二％もいます。「まあ幸せだ」を加えると、どちらも九〇%を超えます。

前回の二〇〇二年のときは、「とても幸せだ」と答えた中学生は四一%でしたから、実に一四%も増え、高校生も三三%から九%増えています。驚くような幸せ感の高まりではないでしょうか。

理由については、「身の回り以外にはあえて目を向けず、〝今ここ〟の生活を大事にして、打ち込めるものを持ち、学校や家庭生活をかつてないほど楽しんでいる」からだとしています。東日本大震災の翌年の調査ですから、「毎日を普通に過ごせるだけで幸せ」と感じるようになったということもあるかもしれません。

理由はともかく、「とても幸せだ」と、自らを肯定できる中高生が増えたことは、これからの日本にとって大きな希望なのではないでしょうか。

私たち大人も見習って、今このときを大事にし、何か一つのことに打ち込み、仕事や家庭生活を楽しんで「とても幸せだ」と答えられるようになりたいものです。

おわりに

さまざまな問題が噴出《ふんしゅつ》する日本の学校。教育をめぐる議論は、尽きることがありません。誰もがもっている教育への思いは、なぜか嚙《か》み合わず、水かけ論に陥《おちい》ったり、不毛な議論に終始したり……。

教育の現実から離れたところでの議論は、〝空中戦〟にしかなりません。それが、これまでさまざまな場所で教育討論に立ち会ってきた私の感想です。

しかし、多くの人が、日本の教育問題に大きな関心や危機感をもっています。そんな人たちのことを思い浮かべながら、この本を書きました。教育論議を進めるうえで、また、教育論議を理解するために、参考になる本をつくりたいと考え、必要最小限の内容に絞って、日本の学校制度の歴史と現状をまとめてみました。

こうして一冊の本にまとめてみますと、「そういえば、このような形でまとめた本がなかったなあ」と改めて気がつきました。と同時に、執筆は、私自身の教育に対する無知を再認識しながらの作業でもありました。

お読みになって、「学校問題」についての疑問が少しでも解消されたとしたら、筆者として、こんなにうれしいことはありません。

この本では、主に義務教育段階の小・中学校についてとりあげました。高校や大学についてもさまざまな問題点が指摘されています。少子化が進む一方で、大学の数は増えたため、選り好みしなければ、誰でも大学に入れる「大学全入時代」を迎えました。その結果、大学一年の講義で、中学校レベルの英語の復習から始めなければならない大学も登場しました。

その一方で、一部の偏差値エリート大学をめざす受験競争は相変わらずです。これを何とか改革しようと、大学入試センター試験をやめ、高校の学習内容の「達成度テスト」に変えようという検討も始まっています。いつの時代も、教育をめぐっては、さまざまな「問題」が提起され、事実にもとづいた検証がないまま、「改革」が語られるということが繰り返されてきました。

「いい学校に入りたい」「子どもをいい学校に入れたい」という思いは、激しい受験競争をもたらしています。でも、「いい学校」に入ったところで、それで人生が幸せになるわけではありません。まして「いい会社」など、十数年後には、なくなっているかもしれないのです。

今私たちに必要なことは、これからの長寿社会を生き抜く力を、子どもたちにどうやって身につけてもらえるかを考えることだと思います。「自分の頭で考える」ことの大切さを、改めて感じています。いかに世の大人たちが「自分の頭で考える」ことができないかということも痛感しています。

人間は、生き物のなかで、例外的に未熟なまま生まれてきます。牛や馬が、生まれてまもなく自分の足で立ち上がれるのに、人間の赤ちゃんは、立ち上がれるようになるまでが大変です。その後も、長い時間をかけて、少しずつ〝人間〟になっていきます。この〝人間になろうとしている〟存在に、私たちは、どんな未来を残すことができるのでしょうか。そして、この子たちに、どんな教育を与えればいいのでしょうか。

そんなことを考えながら、この本をまとめました。書いていくうちに、教育問題の取材でお世話になった大変多くの方の顔が脳裏をよぎりました。ここに名前はあげませんが、そうした人たちとの出会いがあって、この本が生まれました。

この本は、当初、講談社から出た『子どもの教育の「大疑問」』をベースにして、最新の情報を盛り込み、まったく新しい文庫としてよみがえりました。リニューアルにあたって、ＰＨＰ研究所の中村康教さんと坂田博史さんにお世話になりました。

二〇一四年四月

池上　彰

著者紹介
池上　彰（いけがみ　あきら）
1950年、長野県生まれ。慶應義塾大学卒業後、73年にＮＨＫ入局。報道記者として、松江放送局、呉通信部を経て東京の報道局社会部へ。警視庁、気象庁、文部省、宮内庁などを担当。94年より11年間、ＮＨＫ『週刊こどもニュース』でお父さん役を務め、わかりやすい解説が話題に。2005年３月にＮＨＫを退社し、現在はフリージャーナリストとして多方面で活躍中。2012年より東京工業大学リベラルアーツセンター教授。
著書に、『伝える力』『伝える力２』（以上、ＰＨＰビジネス新書）、『そうだったのか！日本現代史』（集英社文庫）、『世界を変えた10冊の本』（文春文庫）、『突破する教育――世界の現場から、日本へのヒント』（共著／岩波書店）、『池上彰が聞いてみた――「育てる人」からもらった６つのヒント』（帝国書院）など多数。

この作品は、2002年５月に講談社から刊行された『子どもの教育の「大疑問」』を改題し、2014年４月時点の状況に合わせて大幅に加筆・修正したものである。

ＰＨＰ文庫　池上彰の「日本の教育」がよくわかる本

2014年５月22日　第１版第１刷
2016年３月３日　第１版第３刷

著　者　池　上　彰
発行者　小　林　成　彦
発行所　株式会社ＰＨＰ研究所
東京本部　〒135-8137　江東区豊洲5-6-52
文庫出版部　☎03-3520-9617(編集)
普及一部　☎03-3520-9630(販売)
京都本部　〒601-8411　京都市南区西九条北ノ内町11

PHP INTERFACE　http://www.php.co.jp/

組　版　株式会社PHPエディターズ・グループ
印刷所
製本所　図書印刷株式会社

ISBN978-4-569-76174-9